Lukas Sainitzer • Andreas Sulzgruber

Aufsteigen ... in Latein 1

So schaffst du das 1. Lernjahr

G&D

Symbolerklärung

Ü 1

Übungsaufgabe:
Die Übungen sind fortlaufend nummeriert, sodass du sie auch im Lösungsheft leicht wiederfindest. Die meisten Übungen kannst du im Buch erledigen, für einige Aufgaben ist es aber ratsam, dass du dir ein kleines Übungsheft anlegst.

In einem solchen Kästchen findest du **wichtige Kurzinformationen** und **leicht verständliche Erklärungen** zum jeweiligen Thema.

Wichtiger Merksatz! Guter Tipp! Merk dir das gut!

Dem Buch ist ein Lösungsheft zur Selbstkontrolle beigelegt.

Die Aufnahme in den Anhang zur Schulbuchliste für die 3. Klasse AHS im Unterrichtsgegenstand Latein (sechsjähriges Latein) und für die 5. Klasse im Unterrichtsgegenstand Latein (vierjähriges Latein) wurde vom Bundesministerium für Bildung, Wissenschaft und Kultur mit GZ 5.018/0154-V/9/2005 vom 13. März 2006 empfohlen.

www.ggverlag.at

ISBN 978-3-7074-0763-1
Schulbuchnummer 130109

In der aktuell gültigen Rechtschreibung

1. Auflage 2005, Nachdruck 2011 (1,03)
Illustrationen: Elena Obermüller
Satz: Manuela Strasser
Printed by Brüder Glöckler, Wöllersdorf

Liebe Schülerin! Lieber Schüler!

Du hältst ein Übungsbuch in der Hand, das dir helfen soll, auf einfache Art und Weise in Latein aufzusteigen.
Wahrscheinlich bist du in Latein nicht so gut und musst daher zusätzlich zu deinen Schulaufgaben noch etwas tun. Vielleicht hat dir deine Lehrerin/dein Lehrer auch empfohlen, mehr zu üben. Oder du fürchtest sogar, heuer durchzufallen.
Mit „Aufsteigen in Latein" ist das Lernen ganz leicht! Du findest den wichtigsten Stoff des 1. Lernjahres hier zusammengefasst.

Leicht verständliche Erklärungen, nützliche Lerntipps sowie abwechslungsreiche Übungen und Übersetzungstexte mit zusätzlichen Vokabelangaben helfen dir dabei, den Lernstoff zu wiederholen und deine Noten zu verbessern.

Wir wünschen dir viel Erfolg beim Aufsteigen in Latein!

Liebe Eltern!

Sie halten ein Übungsbuch in der Hand, das die Lateinkenntnisse Ihres Kindes mit abwechslungsreichen Übungen und leicht verständlichen Erklärungen verbessern kann.
„Aufsteigen in Latein" ist auf die Lernziele, die Ihr Kind im 1. Lernjahr erreichen soll, abgestimmt.
Der Band ist so aufgebaut, dass ein Selbststudium durch den Lernenden möglich ist.
Hilfe und Interesse seitens einer Lernbetreuung sind aber immer von Vorteil!

Zum Umgang mit diesem Buch:
Jedes Kapitel wird mit einem Theorieteil eingeleitet, der leicht verständliche Kurzinformationen und nützliche Lerntipps enthält. In schrittweisen Erklärungen werden die Voraussetzungen für die folgenden Übungen gelegt. Übersichtliche Tabellen zu Deklination und Konjugation erleichtern das Lernen.
Am Ende des Bandes finden sich kurze Übungstexte in unterschiedlichen Schwierigkeitsgraden mit Vokabelangaben und Verweisen auf die entsprechenden Grammatikkapitel, die dabei helfen, das Gelernte noch einmal zu wiederholen und zu festigen.
Das beigelegte Lösungsheft ermöglicht eine sichere Kontrolle.

Viel Erfolg für Ihr Kind wünschen Ihnen

Lukas Sainitzer und Andreas Sulzgruber

Inhalt

Wortlehre

Wortlehre

Die Deklination

Was heißt Deklination?

Unter **Deklination** versteht man die Abwandlung von Nomina (Hauptwörtern) und Adjektiva (Eigenschaftswörtern)! Diese werden dabei in verschiedene **Fälle** gesetzt. Erinnere dich an die Abwandlung von Wörtern im Deutschen, zum Beispiel: der Baum, des Baumes ...

Welche Fälle gibt es im Lateinischen?

Ein lateinisches Nomen weist **6 Fälle** auf, die im **Singular** (Einzahl) oder **Plural** (Mehrzahl) stehen können.
Wie im Deutschen erkennt man jeden dieser Fälle an einer Frage.

	Fall	Frage
Nominativ	= 1. Fall	**wer oder was?**
Genitiv	= 2. Fall	**wessen?**
Dativ	= 3. Fall	**wem?**
Akkusativ	= 4. Fall	**wen oder was?**
Vokativ	= 5. Fall	**„Anredefall"**
Ablativ	= 6. Fall	**(z. B. wodurch?)**

Welche Geschlechter gibt es?

Wie im Deutschen hat auch im Lateinischen jedes Nomen ein bestimmtes Geschlecht: **maskulin** (männlich), **feminin** (weiblich), **neutrum** (sächlich).

Woher weiß ich, welches Geschlecht ein Wort im Lateinischen hat?

Im Lateinischen werden die Nomina (und Adjektiva) zu bestimmten **Deklinationsklassen** (A-Deklination, O-Deklination ...) zusammengefasst.
Jede Deklinationsklasse steht meistens für ein **bestimmtes Geschlecht**.
Zum Beispiel: Ein Nomen, das zur A-Deklination gehört, ist meist feminin.

Wie erkenne ich eine Deklinationsklasse?

Um ein Nomen einer bestimmten Deklinationsklasse zuordnen zu können, musst du immer den **Nominativ** und den **Genitiv** des Wortes kennen:

Nomen endet auf **-a, -ae** → A-Deklination
Nomen endet auf **-us, -i** → O-Deklination

Die Deklinationsklassen

Du findest in den folgenden Übersichtstabellen üblicherweise nicht den Vokativ (= 5. Fall), da er genau wie der Nominativ gebildet wird!

A-Deklination

Sie ist in der Regel **feminin**. Ihr Endungsmerkmal ist **-a, -ae**.

	Singular	Plural	Singular	Plural
Nominativ	amic-**a**	amic-**ae**	**die** Freundin	**die** Freundinnen
Genitiv	amic-**ae**	amic-**arum**	**der** Freundin	**der** Freundinnen
Dativ	amic-**ae**	amic-**is**	**der** Freundin	**den** Freundinnen
Akkusativ	amic-**am**	amic-**as**	**die** Freundin	**die** Freundinnen
Ablativ	(ab) amic-**a**	(ab) amic-**is**	von der Freundin	von Freundinnen

Welche Ausnahmen gibt es?

Einige wenige Nomina der **A-Deklination** musst du besonders gut lernen.
Sie sind nicht feminin, sondern **maskulin**, wie zum Beispiel:

agricola, -ae → **m** Bauer
nauta, -ae → **m** Matrose, Seemann
poeta, -ae → **m** Dichter
pirata, -ae → **m** Pirat

Ü 1

Übersetze die folgenden Nomina der A-Deklination im richtigen Fall! Beachte, dass es manchmal auch mehrere Lösungsmöglichkeiten gibt. Diese Wörter sind mit einem * gekennzeichnet.

Gehe bei der Arbeit so vor:
- Überlege dir, von welchem Vokabel das Nomen kommt!
- Bestimme FALL, ZAHL und GESCHLECHT der lateinischen Form!
- Übersetze die neue Form ins Deutsche!

	Vokabel	Form	dt. Übersetzung
1. filiam	filia, -ae f	Akk. Sg. fem.	die Tochter
2. poetis*			
3. insularum			
4. tabulas			
5. porta*			
6. copiae*			
7. iniuriam			
8. ripa*			
9. Italiam			
10. puellis *			

Ü 2

Erinnerst du dich an die maskulinen Ausnahmen der A-Deklination? Wie viele kannst du davon aufzählen? Es gelten nur völlig richtige Formen, auch die Bedeutung des Vokabels muss stimmen!

____

____

____

Wertung: Alle 4 Ausnahmen: Super!
3 Ausnahmen: Gut gemacht!
2-0: Nochmals lernen!

O-Deklination

Bei der O-Deklination hast du nun eine Deklinationsklasse vor dir, die zwei Geschlechter, nämlich **maskuline Nomina** und **Neutra**, umfasst. Du kannst die beiden aber ganz leicht voneinander unterscheiden, indem du auf ihr jeweiliges Endungsmerkmal achtest!

Maskulina der O-Deklination haben das Endungsmerkmal **-us, -i**.

	Singular	Plural	Singular	Plural
Nominativ	amic-**us**	amic-**i**	**der** Freund	**die** Freunde
Genitiv	amic-**i**	amic-**orum**	**des** Freundes	**der** Freunde
Dativ	amic-**o**	amic-**is**	**dem** Freund	**den** Freunden
Akkusativ	amic-**um**	amic-**os**	**den** Freund	**die** Freunde
Ablativ	(ab) amic-**o**	(ab) amic-**is**	von dem Freund	von Freunden
Vokativ	amic-**e**	amic-**i**	Freund!	Freunde!

Maskulina der O-Deklination sind auch Nomina auf **-r, -ri**.

Die Deklination dieser Maskulina folgt dem Beispiel von „amicus“.
Der **Vokativ** weist hier keine Besonderheiten auf und lautet immer wie der Nominativ!
Zu dieser Gruppe zählen Nomina wie zum Beispiel: vir, viri → **m** Mann

	Singular	Plural	Singular	Plural
Nominativ	vir	vir-**i**	**der** Mann	**die** Männer
Genitiv	vir-**i**	vir-**orum**	**des** Mannes	**der** Männer
Dativ	vir-**o**	vir-**is**	**dem** Mann	**den** Männern
Akkusativ	vir-**um**	vir-**os**	**den** Mann	**die** Männer
Ablativ	(cum) vir-**o**	(cum) vir-**is**	mit dem Mann	mit den Männern

Weiters: puer, pueri → **m** Bursch; liberi, -orum → **m** Pl. Kinder
liber, libri → **m** Buch; ager, agri → **m** Acker

Neutra der O-Deklination haben das Endungsmerkmal **-um, -i**.

	Singular	Plural	Singular	Plural
Nominativ	templ-**um**	templ-**a**	**der** Tempel	**die** Tempel
Genitiv	templ-**i**	templ-**orum**	**des** Tempels	**der** Tempel
Dativ	templ-**o**	templ-**is**	**dem** Tempel	**den** Tempeln
Akkusativ	templ-**um**	templ-**a**	**den** Tempel	**die** Tempel
Ablativ	(in) templ-**o**	(in) templ-**is**	in dem Tempel	in den Tempeln

Welche besondere Regel gibt es bei den Neutra?

Bei den Neutra lautet der **Nominativ genau wie der Akkusativ (und Vokativ)**!
Im **Nominativ und Akkusativ Plural** findest du immer ein **-a** als Endung!

Nominativ Singular:	templ**um**	Nominativ Plural:	templ**a**
Akkusativ Singular:	templ**um**	Akkusativ Plural:	templ**a**
(Vokativ Singular:	templ**um**)	(Vokativ Plural:	templ**a**)

Diese Regel gilt nicht nur für die O-Deklination, sondern **für alle Deklinationen,** wo **Neutra** vorkommen!

Was muss ich noch bei der O-Deklination wissen?

Beim **Vokativ Singular** der **Maskulina** musst du etwas aufpassen!

Die Maskulina auf **-us, -i** bilden den Vokativ Singular auf **-e**!
Bei den Nomina auf **-ius, -i** endet der Vokativ Singular auf **-i**!

Marc**us** → Vokativ Singular: Marc**e** – Markus!
fil**ius** → Vokativ Singular: fil**i** – Sohn!

Der Vokativ Plural lautet genauso wie der Nominativ Plural!

Welche Ausnahmen gibt es?

Auch bei der O-Deklination gibt es **Ausnahmen**, die zwar die Endungen dieser Deklinationsklasse aufweisen, aber **feminin** sind!

Bäume, wie zum Beispiel: fagus, -i → **f** Buche
Städte, Länder und Inseln: Corinthus, -i → **f** Korinth

Ü 3

Setze die folgenden Nomina in alle möglichen Fälle (Singular und Plural)! Überlege dabei immer, um welche Deklination es sich handelt und welches Geschlecht das Nomen daher aufweist! Übersetze die Nomina im richtigen Fall ins Deutsche!

1. **annus**: annus, -i ⟶ **m** Jahr (O-Deklination)

	Singular	Plural	Singular	Plural
Nominativ				
Genitiv				
Dativ				
Akkusativ				
Ablativ	(de)	(de)		

Wie lautet der Vokativ Singular? ______________________

2. **puer**: ______________________

	Singular	Plural	Singular	Plural
Nominativ				
Genitiv				
Dativ				
Akkusativ				
Ablativ	(a)	(a)		

Wie lautet der Vokativ Singular? ______________________

3. **praemium**: ______________________

	Singular	Plural	Singular	Plural
Nominativ				
Genitiv				
Dativ				
Akkusativ				
Ablativ	(sine)	(sine)		

4. **tabula**: ______________________

	Singular	Plural	Singular	Plural
Nominativ				
Genitiv				
Dativ				
Akkusativ				
Ablativ	(in)	(in)		

5. **liber**: ______________________

	Singular	Plural	Singular	Plural
Nominativ				
Genitiv				
Dativ				
Akkusativ				
Ablativ	(de)	(de)		

6. **dea**: ______________________

	Singular	Plural	Singular	Plural
Nominativ				
Genitiv				
Dativ				
Akkusativ				
Ablativ	(pro)	(pro)		

7. **oppidum**: ______________________

	Singular	Plural	Singular	Plural
Nominativ				
Genitiv				
Dativ				
Akkusativ				
Ablativ	(ex)	(ex)		

Ü 4

Verbinde jene Nomina, die denselben Fall aufweisen!
Unterscheide dabei genau zwischen Formen im Singular und Plural!
Bei manchen Nomina gibt es mehr als nur eine „Kombination"!

deo | legatos | loci | statuarum

amice | portae | animorum | nauta | memoriam

insula | deas | modi | Publi

Ü 5

**Den folgenden Nomina sind leider die Endungen verloren gegangen.
Nur jeweils eines konnte sich seinen Fall bewahren!
Gelingt es dir, seinen Nachbarn die Endungen wieder zu beschaffen?**

Ein Tipp: Die Nomina mit den „verloren gegangenen" Endungen standen in demselben Fall, den auch das „übrig gebliebene" Nomen aufweist!

1. monument**um**	for**um**	**deam**	discipul**um**	fili**am**
2. **praemium**	tabul	oppid	amic	discipul
3. morb	**horae**	don	legat	puer
4. **equo**	poen	praemi	insul	libr
5. **proelia**	popul	tabul	for	oracul
6. vir	fag	oppid	**vinis**	terr
7. Iul	vit	**Marce**	monument	fil

Ü 6

Welche wichtige Regel musst du dir bei den Neutra merken?

____

____

____

Ü 7

In diesem Kreuzworträtsel geht es um wichtige Dinge, die du bei der A- und O-Deklination gelernt hast!

Waagrecht:

1. Welche Endung hat der Akkusativ Plural der Maskulina der O-Deklination?
2. Wie lautet der Akkusativ Plural von **poena**?
4. Wie heißt der Dativ Singular von **filia**?
5. Welche Endung hat der Nominativ Plural der A-Deklination?
6. Wie lautet der Ablativ Singular von **poeta**?
7. Wie heißt der Akkusativ Plural von **forum**?
10. Welche Endung weist ein Neutrum der O-Deklination im Nominativ und Akkusativ Singular auf?
11. Wie lautet der Ablativ Singular von **modus**?
12. Wie heißt der Vokativ Singular von **discipulus**?
13. Wie heißt der Genitiv Plural von **insula**?
14. Dativ Plural von **filia** und **filius**?
15. Wie lautet der Vokativ Singular von **vir**?
16. Bei welchem Geschlecht sind der Nominativ und Akkusativ gleich?
17. Welche Endung weisen Neutra immer im Nominativ und Akkusativ Plural auf?
18. Welche Endung hat der Ablativ Singular der O-Deklination?
19. Akkusativ Plural von **tabula**?
21. Wie lautet der Akkusativ Plural von **dea**?
22. Vokativ Singular von **Publius**?

Senkrecht:

3. Auf welchen Vokal endet der Vokativ von Nomen wie z. B. **Iulius, filius** ...?
4. Städte, Länder und Inseln haben welches Geschlecht?
8. Wie lautet die Endung des Genitivs Plural der O-Deklination?
9. Genitiv Singular von **oculus**?
20. Welche Endung weist der Nominativ Plural der O-Deklination auf?

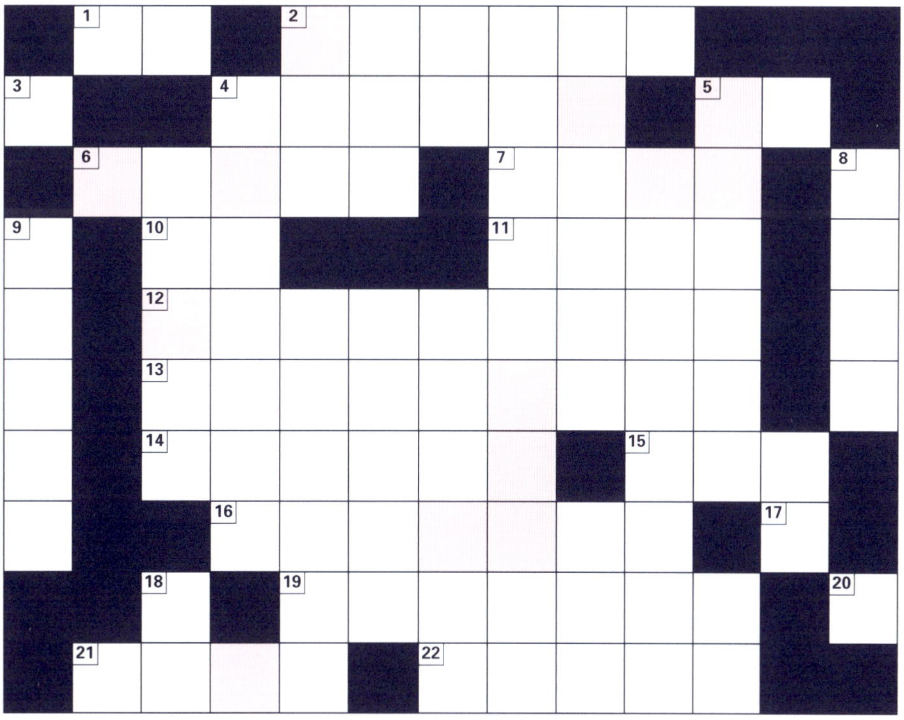

Wenn du die rosa unterlegten Buchstaben der Lösungen der Reihe nach in die unten angeführten Kästchen einsetzt, erfährst du den Wahlspruch der NASA! Weißt du, was er bedeutet?

		R		S					A						

Ü 8

Bei den folgenden Beispielen hat sich in jeder Zeile ein Eindringling eingeschlichen, der so gar nicht zu den anderen Fällen passt! Überlege dir zuerst, um welche Fälle es sich handelt! Streiche den Eindringling durch und begründe deine Entscheidung!

1. amicitiam – animos – causas – consilium – ~~deae~~ – horas kein Akkusativ
2. gladii – Italiae – anni – fori – oculi – oppidi – copia ______
3. porta – vir – amice – fili – gladius – templum – filia ______
4. auxilio – copiis – puero – dea – Publi – amicis – insula ______
5. statuarum – tabulae – fili – templorum – auxilii – deae ______

Ü 9

Richtig oder falsch? Überlege dir, ob die folgenden Behauptungen zutreffen oder nicht, und kreuze das entsprechende Kästchen an! Findest du, dass eine Behauptung falsch ist, bessere den Fehler aus! Wenn du die Übung richtig durchführst, ergeben die gekennzeichneten Felder den Namen eines berühmten römischen Schriftstellers.

	Richtig	Falsch
1. Der Akkusativ Singular von **filia** lautet **filias**.	C	V
2. Der Dativ Plural sieht wie der Ablativ Plural aus.	E	A
3. Der Vokativ Singular von **Iulius** lautet **Iulie**.	N	R
4. Der Akkusativ Plural von **forum** lautet **foros**.	T	G
5. Um die Deklination zu erkennen, brauche ich den Genitiv.	I	A
6. **tabulae** kann Genitiv und Dativ Sg. und Nominativ Pl. sein.	L	S

Das Lösungswort lautet: ______

Ü 10

Übersetze die folgenden Formen ins Deutsche!
Bei manchen Formen gibt es mehrere Möglichkeiten! Führe alle an!
Beachte: Der Vokativ ist nur anzuführen, wenn er nicht dem Nominativ entspricht!

	Vokabel	Form	dt. Übersetzung
1. modus	modus, -i m	Nom. Sg. mask.	die Art
2. memoriae			
3. libros			
4. imperii			
5. pueri			
6. bello			
7. Iuli			
8. auxilia			
9. ripas			
10. locis			

Ü 11

Setze die folgenden Nomina in die verlangten Fälle und übersetze die Formen anschließend ins Deutsche!

1. **agricola**: Genitiv + Akkusativ Sg. agricolae, agricolam – des Bauern, den Bauern
2. **populus**: Genitiv + Akkusativ Sg. ______
3. **oraculum**: Ablativ Sg. + Akkusativ Pl. ______
4. **vir**: Ablativ Sg. + Genitiv Pl. ______
5. **poena**: Dativ Sg. + Dativ Pl. ______
6. **scutum**: Akkusativ Sg. + Nominativ Pl. ______
7. **numerus**: Dativ Sg. + Dativ Pl. ______

Adjektiva der A-/O-Deklination

Neben den Nomina gibt es auch eine Gruppe von Adjektiva, die im Femininum nach der A-Deklination, im Maskulinum und Neutrum nach der O-Deklination abwandeln:

Adjektiva mit dem Endungsmerkmal -us, -a, -um

	Singular			Plural		
	mask.	**fem.**	**neutr.**	**mask.**	**fem.**	**neutr.**
Nominativ	bon-**us**	bon-**a**	bon-**um**	bon-**i**	bon-**ae**	bon-**a**
Genitiv	bon-**i**	bon-**ae**	bon-**i**	bon-**orum**	bon-**arum**	bon-**orum**
Dativ	bon-**o**	bon-**ae**	bon-**o**	bon-**is**	bon-**is**	bon-**is**
Akkusativ	bon-**um**	bon-**am**	bon-**um**	bon-**os**	bon-**as**	bon-**a**
Ablativ	bon-**o**	bon-**a**	bon-**o**	bon-**is**	bon-**is**	bon-**is**
Vokativ	bon-**e**	bon-**a**	bon-**um**	bon-**i**	bon-**ae**	bon-**a**

Auch hier lautet der **Vokativ Singular maskulin** der Adjektiva, die auf -**us** enden, immer -**e**!

Adjektiva mit dem Endungsmerkmal -r, -ra, -rum

Sie stellen nur eine kleine Gruppe dar! Sie bilden den **Nominativ Singular maskulin auf -r**, deklinieren sonst aber genauso wie die Adjektiva auf -us, -a, -um, wie zum Beispiel:

pulcher, pulchra, pulchrum: schön
asper, aspera, asperum: rau, hart
liber, libera, liberum: frei
miser, misera, miserum: arm, elend

In dieser Gruppe ist der **Vokativ Singular** immer gleich wie der **Nominativ Singular**!

Was muss ich noch bei den Adjektiva wissen?

Das Adjektiv orientiert sich immer an **Geschlecht, Zahl und Fall** des Nomens, zu dem es gehört.

tabula + (novus, -a, -um) → tabula nov-**a**
insulae + (magnus, -a, -um) → insulae magn-**ae**
filias + (tuus, -a, -um) → filias tu-**as**
vir + (bonus, -a, -um) → vir bon-**us**
pueri + (parvus, -a, -um) → pueri parv-**i**
annus + (pulcher, -ra, -rum) → annus pulch-**er**

Beachte dabei besonders jene Nomina, die als **Ausnahmen** gelten!
Diese sehen zwar wie ein Femininum aus, haben aber **maskulines Geschlecht**.
Das Adjektiv muss folglich auch die Endungen des Maskulinums annehmen:

poeta (+ novus, -a, -um) → poeta nov-**us**
nautam (+ bonus, -a, -um) → nautam bon-**um**

Ebenso gilt diese Regel für jene Nomina, die feminine **Ausnahmen** sind!
Da diese Wörter **feminines Geschlecht** aufweisen, muss auch das Adjektiv die Endungen des Femininums annehmen:

fagus + (magnus, -a, -um) → fagus magn-**a**
Corinthum (+ pulcher, -ra, -rum) → Corinthum pulchr-**am**

Ü 12

Bilde zu den angeführten Nomina das jeweils passende Adjektiv! Manchmal gibt es auch mehrere Lösungen. Führe alle Möglichkeiten an!

1. gladius nov-
2. templum magn-
3. oppida mult-
4. viros reliqu-
5. nautam bon-
6. monumento parv-
7. deas magn-
8. Rhodus pulchr-
9. liberis mult-
10. statuae parv-
11. agricolas miser-
12. imperiorum vestr-
13. poetae magn-
14. fago nostr-
15. vinum bon-
16. venti asper-

Ü 13

Übersetze die Formen von Übung 12 in deinem Übungsheft ins Deutsche, nachdem du sie zuvor im Lösungsheft kontrolliert hast!

Ü 14

Welches Adjektiv passt zu dem angeführten Nomen? Manchmal gibt es auch mehrere Lösungen. Unterstreiche alle möglichen Zuordnungen!

1. **animum**: bonorum – novum – Romanam – quantos – nostrum – primi
2. **imperia**: tui – tuta – asperum – tertiae – tota – libera – reliquos – meorum
3. **nautae**: misero – reliqui – liberae – multas – nostrae – alios – maximis
4. **viro**: pulchri – bono – liberum – magnorum – totos – aliis – Graeco
5. **puer**: bone – liberos – parvus – nove – miser – reliquis – tuta – meus
6. **insularum**: magnum – alias – quantam – pulchrarum – totae – maximis
7. **templa**: multis – parva – maximi – nostras – reliqua – novarum – mea
8. **consilii**: tota – multi – tua – asperis – bona – reliquos – maximi – vestri

Ü 15

Vergleiche deine Lösungen von Übung 14 mit dem Lösungsheft! Übersetze dann die passenden Zuordnungen ins Deutsche. Schreibe in dein Übungsheft!

Ü 16

Stimme das Adjektiv (in Klammer) mit dem Nomen im verlangten Fall überein und übersetze die gebildete Form ins Deutsche!

1. **vita (tuus)**: Dativ Singular ______
2. **signis (Graecis)**: Ablativ Plural ______ ______
3. **terra (pulcher)**: Akkusativ Singular ______
4. **poeta (noster)**: Nominativ Plural ______
5. **oppidum (novus)**: Genitiv Plural ______
6. **poena (magnus)**: Ablativ Singular ______
7. **liber (antiquus)**: Dativ Singular ______
8. **provincia (vester)**: Akkusativ Plural ______
9. **puer (parvus)**: Genitiv Singular ______
10. **numerus (magnus)**: Akkusativ Singular ______
11. **oraculum (Romanus)**: Akkusativ Plural ______
12. **populus (multi)**: Genitiv Plural ______
13. **praemium (bonus)**: Nominativ Plural ______
14. **liber (malus)**: Ablativ Singular ______
15. **imperium (magnus)**: Akkusativ Plural ______
16. **magister (Romanus)**: Dativ Singular ______
17. **liberi (meus)**: Dativ Plural ______
18. **filius (miser)**: Genitiv Plural ______
19. **agricola (octavus)**: Akkusativ Singular ______
20. **vinum (Romanus)**: Ablativ Singular ______
21. **legatus (Graecus)**: Genitiv Plural ______
22. **forum (antiquus)**: Akkusativ Plural ______
23. **hora (primus)**: Dativ Singular ______
24. **causa (pristinus)**: Genitiv Plural ______
25. **bellum (malus)**: Nominativ Plural ______
26. **nauta (asper)**: Akkusativ Singular ______
27. **consilium (tutus)**: Genitiv Plural ______
28. **copia (summus)**: Ablativ Singular ______
29. **monumentum (pulcher)**: Nominativ Plural ______
30. **aqua (bonus)**: Ablativ Singular ______
31. **filia (secundus)**: Genitiv Singular ______
32. **deus (maximus)**: Dativ Singular ______

E-Deklination

Sie ist in der Regel **feminin**. Ihr Endungsmerkmal ist **-es, -ei**.

	Singular	Plural	Singular	Plural
Nominativ	r-**es**	r-**es**	**die** Sache	**die** Sachen
Genitiv	r-**ei**	r-**erum**	**der** Sache	**der** Sachen
Dativ	r-**ei**	r-**ebus**	**der** Sache	**den** Sachen
Akkusativ	r-**em**	r-**es**	**die** Sache	**die** Sachen
Ablativ	(de) r-**e**	(de) r-**ebus**	über die Sache	über die Sachen

Welche Ausnahmen gibt es?

Zwei Nomen der **E-Deklination** musst du besonders gut lernen.
Sie sind nicht feminin, sondern **maskulin**:

dies, diei → **m** Tag
meridies, -ei → **m** Mittag, Süden

Ü 17 **Verbinde die unten angeführten Adjektiva mit den zu ihnen passenden Nomina und schreibe sie in dein Übungsheft. Beachte, dass es manchmal mehrere Möglichkeiten gibt! Übersetze die passenden Zuordnungen ins Deutsche!**

mearum – tuae – anno – auxilia – vestri
diem – spes – magna – novo – pulchro
meridie – nautae – vir – bono
rerum – multas – dies – magne – nostrae

Ü 18 **Welches Adjektiv passt zu dem angeführten Nomen? Manchmal gibt es auch mehrere Lösungen. Unterstreiche alle möglichen Zuordnungen!**

1. **rem:** novum – totam – Graecarum – primam – summorum – publicum
2. **diei:** multi – novae – reliquo – tertio – tota – libero – liberi – quanto
3. **poetae:** magni – novae – multae – Romani – alii – summo – nostros
4. **res:** boni – totas – multae – alia – Graecorum – pristini – vestras
5. **liberorum:** miserum – magnos – multarum – Romanos – reliquis – tuas
6. **meridie:** tota – nonae – secundo – totae – maximi – pulchro – multarum
7. **filii:** bone – parvi – maximi – nostro – multos – tuorum – Romani
8. **spem:** totum – tuam – bonarum – summae – pristinam – reliquorum

Ü 19

Vergleiche deine Lösungen von Übung 18 mit dem Lösungsheft!
Übersetze dann die passenden Zuordnungen ins Deutsche! Schreibe in dein Übungsheft.

Ü 20

Richtig oder falsch? Überlege dir, ob die folgenden Behauptungen zutreffen oder nicht, und kreuze das richtige Kästchen an.

	Richtig	Falsch
1. Der Dativ Singular von **res** lautet **rem.**	C	S
2. Das Geschlecht von **meridies** ist **feminin.**	E	A
3. Der Ablativ Singular von **dies** lautet **die.**	T	C
4. Der Akkusativ Plural von **consilium** lautet **consilios.**	A	U
5. Der Vokativ Singular von **vir** lautet **vire.**	I	R
6. **res** kann Nominativ Sg. sowie Nominativ und Akkusativ Pl. sein.	N	S

Das Lösungswort lautet: ______________________

U-Deklination

Sie ist in der Regel **maskulin**. Ihr Endungsmerkmal ist **-us, -us**.

	Singular	Plural	Singular	Plural
Nominativ	exercit-**us**	exercit-**us**	**das** Heer	**die** Heere
Genitiv	exercit-**us**	exercit-**uum**	**des** Heeres	**der** Heere
Dativ	exercit-**ui**	exercit-**ibus**	**dem** Heer	**den** Heeren
Akkusativ	exercit-**um**	exercit-**us**	**das** Heer	**die** Heere
Ablativ	exercit-**u**	exercit-**ibus**	durch das Heer	durch die Heere

Welche Ausnahmen gibt es?

Einige Nomina der **U-Deklination** sind **feminin.**
Zu diesen zählen:

manus, -us → **f** Hand, Pl.: Schar
tribus, -us → **f** Wahlbezirk
Idus, -uum → **f** (Pl.!) die Iden (= Monatsmitte)
porticus, -us → **f** Säulenhalle

Beachte besonders **domus, -us** → **f** Haus
dom**um** → nachhause
dom**i** → zuhause
dom**o** → von zuhause weg

Neutra sind nur wenige Nomina. Ihr Endungsmerkmal ist **-u, -us**.

Das am häufigsten vorkommende Wort dieser Gruppe ist cornu, -us ⟶ **n** Horn, Seite.

	Singular	Plural	Singular	Plural
Nominativ	corn-**u**	corn-**ua**	**das** Horn	**die** Hörner
Genitiv	corn-**us**	corn-**uum**	**des** Horns	**der** Hörner
Dativ	corn-**u**	corn-**ibus**	**dem** Horn	**den** Hörnern
Akkusativ	corn-**u**	corn-**ua**	**das** Horn	**die** Hörner
Ablativ	corn-**u**	corn-**ibus**	durch das Horn	durch die Hörner

Ü 21

Bei den folgenden Beispielen hat sich in jeder Zeile ein Eindringling eingeschlichen, der nicht zu den anderen Fällen passt! Überlege dir zuerst, um welche Fälle es sich handelt! Streiche den Eindringling durch und begründe deine Entscheidung!

1. diei – dei – copiae – ~~consilio~~ – animi – manus ... kein Genitiv Singular
2. domo – porta – anno – spe – auxilio – nautae ______
3. manus – imperia – ripas – legatos – sepulcris ______
4. rerum – tabulam – vinorum – porticuum – poetarum ______
5. filias – exercitus – dona – gladios – auxilii – res ______

Ü 22

Bilde zu den angeführten Nomina das jeweils passende Adjektiv! Manchmal gibt es auch mehrere Lösungen. Führe alle Möglichkeiten an!

1. rei me- ______
2. cornu long- ______
3. domum vestr- ______
4. dis mult- ______
5. meridie pulchr- ______
6. porticus alt- ______
7. manuum tu- ______
8. signi nostr- ______
9. copiae magn- ______
10. fagos summ- ______
11. sperum miser- ______
12. piratae stult- ______
13. senatui Roman- ______
14. castra tot- ______
15. metus maxim- ______
16. verba asper- ______

Ü 23

Übersetze die Formen von Übung 22 in deinem Übungsheft ins Deutsche, nachdem du sie zuvor im Lösungsheft kontrolliert hast!

Ü 24

Bei diesem QUIZ musst du die Fragen so genau wie möglich beantworten! Für jede richtige Antwort erhältst du einen Punkt, die maximale Punkteanzahl ist in Klammer angeführt.

1. Welches Geschlecht hat die E-Deklination? (1)
2. Nenne die beiden Ausnahmen der E-Deklination, die maskulines Geschlecht aufweisen (Vokabel + Bedeutung)! (2)
3. Welches Wort der U-Deklination ist neutrum? (1)
4. Welches Geschlecht haben üblicherweise Nomen, die zur U-Deklination gehören? (1)
5. Nenne vier Ausnahmen der U-Deklination, die feminin sind! (4)
6. Wie ist **domi** zu übersetzen? (1)
7. Wie ist **domo** zu übersetzen? (1)
8. Welche zwei Bedeutungen hat **meridies**? (2)
9. Nenne drei Nomen der A-Deklination, die maskulin sind! (3)

Punkteanzahl (gesamt): ____________________

Wertung: 16 – 15 Punkte = Super!
14 – 13 Punkte = Gut gemacht!
Weniger als 12 Punkte: Kapitel nochmals wiederholen!

Ü 25

Achtung Eindringlinge! Bei dieser Übung findest du neben jedem Nomen mehrere Adjektiva, aber nur eines oder zwei passen dazu. Kennzeichne die passenden Adjektiva und begründe deine Entscheidung!

1. **manus** + nudas – asperos – nostrae ____________________
2. **rei** + reliqui – vestrae – parvo ____________________
3. **spes** + totos – nostras – stultae – summi ____________________
4. **piratae** + magnae – stulti – cupidi ____________________
5. **dies** + multos – longi – liberas ____________________
6. **metuum** + mearum – magnum – totorum ____________________

Ü 26

Wie übersetzt du …?

1. domum ____________________
2. domi ____________________
3. domo ____________________

Konsonantische Deklination und Verwandte (= MIKOs)

In dieser Gruppe werden folgende drei Deklinationen zusammengefasst: die **M**ischdeklination, die **I**-Deklination und die **KO**nsonantische Deklination, in weiterer Folge einfach als **MIKOs** bezeichnet.
Du hast diese Deklinationsgruppe entweder unter dem Namen „Dritte Deklination" oder unter den jeweiligen Deklinationsnamen gelernt. Im Folgenden wirst du sehen, dass sie sich sehr leicht zu einer einzigen Gruppe zusammenfassen lassen, was dir auch das Lernen erleichtert, da du nicht so viele Einzelheiten beachten musst.

Maskulina mit den Endungsmerkmalen -r, -ris; -os, -oris; -es, -itis

	Singular	Plural	Singular	Plural
Nominativ	senato**r**	senator-**es**	**der** Senator	**die** Senatoren
Genitiv	senator-**is**	senator-**um**	**des** Senators	**der** Senatoren
Dativ	senator-**i**	senator-**ibus**	**dem** Senator	**den** Senatoren
Akkusativ	senator-**em**	senator-**es**	**den** Senator	**die** Senatoren
Ablativ	a senator-**e**	a senator-**ibus**	vom Senator	von Senatoren

Ebenso:	rex, regis	→ **m** König	dux, ducis	→ **m** Anführer, Leiter
	sol, solis	→ **m** Sonne	pes, pedis	→ **m** Fuß
	sanguis, -inis	→ **m** Blut	iudex, iudicis	→ **m** Richter

Eine besondere Abwandlung weist der höchste römische Gott auf:
Iupiter – Iovis – Iovi – Iovem – (a) Iove

Als **feminine Ausnahme** merke dir: arbor, -oris → **f** Baum

Feminina mit den Endungsmerkmalen -s, -is; -x, -is; -o, -inis; -io, - ionis

	Singular	Plural	Singular	Plural
Nominativ	civita-**s**	civitat-**es**	**die** Stadt	**die** Städte
Genitiv	civitat-**is**	civitat-**um**	**der** Stadt	**der** Städte
Dativ	civitat-**i**	civitat-**ibus**	**der** Stadt	**den** Städten
Akkusativ	civitat-**em**	civitat-**es**	**die** Stadt	**die** Städte
Ablativ	e civitat-**e**	e civitat-**ibus**	aus der Stadt	aus den Städten

Beachte, dass einige Feminina auf **-s** den **Genitiv Plural auf -ium** bilden:

urbs, urbis → **f** Stadt → urbium
navis, -is → **f** Schiff → navium

Als **maskuline Ausnahmen** merke dir:
homo, hominis → **m** Mann, Mensch
ordo, -inis → **m** Reihe, Stand, Ordnung
sermo, -onis → **m** Rede, Gespräch

Neutra mit den Endungsmerkmalen -men, -inis; -us, -oris; -us, -eris

	Singular	Plural	Singular	Plural
Nominativ	flu**men**	flumin-**a**	**der** Fluss	**die** Flüsse
Genitiv	flumin-**is**	flumin-**um**	**des** Flusses	**der** Flüsse
Dativ	flumin-**i**	flumin-**ibus**	**dem** Fluss	**den** Flüssen
Akkusativ	flu**men**	flumin-**a**	**den** Fluss	**die** Flüsse
Ablativ	e flumin-**e**	e flumin-**ibus**	aus dem Fluss	aus den Flüssen

Ebenso:
iter, itineris → **n** Reise, Weg
ius, iuris → **n** Recht
caput, capitis → **n** Kopf
aes, aeris → **n** Erz
os, ossis → **n** Knochen
os, oris → **n** Mund, Gesicht

Was muss ich noch bei den MIKOs wissen?

1. Der **Nominativ** der MIKOs kann sehr unterschiedlich sein, die anderen Fälle folgen aber immer dem **gleichen Schema**, egal ob maskulin, feminin oder neutrum.
2. Bei Nomina dieser Gruppe musst du **sehr genau auf das Geschlecht** achten, das du bei manchen Wörtern mit dem Vokabel mitlernen musst.
3. Bei manchen Nomina zeigt sich der **Einfluss eines „i"** – vor allem im Genitiv Plural! Diese Nomina werden in den Lehrbüchern als **Mischdeklination** bezeichnet.
4. Nomina, die noch in anderen Fällen den Einfluss eines „i" aufweisen, sind Reste der alten **I-Deklination**, die normalerweise feminin ist. Sie sind selten, weisen ein **„i"** im Akkusativ und Ablativ Singular sowie im Genitiv Plural auf. Neben „vis, - **f** Kraft, Macht" gehören auch Nomina wie „turris, -is **f** Turm" oder „sitis, -is **f** Durst" dazu.

	Singular	Plural	Singular	Plural
Nominativ	v-**is**	vir-**es**	turr-**is**	turr-**es**
Genitiv	-	vir-**ium**	turr-**is**	turr-**ium**
Dativ	-	vir-**ibus**	turr-**i**	turr-**ibus**
Akkusativ	v-**im**	vir-**es**	turr-**im**	turr-**es**
Ablativ	v-**i**	vir-**ibus**	de turr-**i**	de turr-**ibus**

Daneben gibt es einige wenige **Neutra** der **I-Deklination**, zu denen folgende zwei Nomina gehören:

mare, -is → **n** Meer
animal, -alis → **n** Tier, Lebewesen

Sie weisen in folgenden Fällen **„i"**-Einfluss auf:
Ablativ Singular: mar**i**, animal**i**
Nominativ und Akkusativ Plural: mar**ia**, animal**ia**
Genitiv Plural: mar**ium**, animal**ium**

Ü 27

Bilde zu den angeführten Nomina das jeweils passende Adjektiv!
Manchmal gibt es auch mehrere Lösungen. Führe alle Möglichkeiten an!

1. auctoritati magn-
2. corpus tot-
3. manui tu-
4. rerum parv-
5. hostium mult-
6. fines nov-
7. legiones Roman-
8. funera tot-
9. ponte parv-
10. obsidum Graec-
11. mare nostr-
12. navi reliqu-
13. honoribus summ-
14. morem vestr-
15. exercitu maxim-
16. pirata miser-

Ü 28

Übersetze die Formen von Übung 27 in deinem Übungsheft ins Deutsche, nachdem du sie zuvor im Lösungsheft kontrolliert hast!

Ü 29

Verbinde jene Nomina, die denselben Fall aufweisen!
Es sind auch mehrere Verbindungen pro Nomen möglich.

metui | loco | itinera | insulae | agmine
morte | acierum | auxiliorum
manus | mores
flumen | castra | liber | capite
oppidum | love

Ü 30

Quiz! Versuche die unten angeführten Fragen zu beantworten!
Führe dabei auch die Bedeutung der einzelnen Vokabel an!
Für jedes richtige Wort gibt es einen Punkt.

1. Was heißt **domi**? (1)
2. Zähle vier Nomina der MIKOs auf, die Neutra sind! (4)
3. Wie heißen die Formen von **vis**? (8)
4. Welches Nomen der maskulinen MIKOs ist feminin? (1)
5. Welche beiden Neutra bilden den Nominativ und Akkusativ Plural auf **-ia**? (2)
6. Ein Endungsmerkmal der femininen MIKOs? (1)
7. Was ist das Kennzeichen der Mischdeklination? (1)
8. Nenne vier maskuline Nomina der MIKOs! (4)
9. Welche Endung der E-Deklination kommt zweimal vor? (2)
10. Welche Nomina der E-Deklination sind maskulin? (2)

Punkteanzahl (gesamt): ______________________

Wertung: 26 – 24 Punkte = Super!
23 – 21 Punkte = Gut gemacht!
20 – 18 Punkte = Durchschnitt
Weniger als 18 Punkte: Wiederhole die letzten Kapitel nochmals!

Ü 31

Bei den folgenden Beispielen hat sich in jeder Zeile ein Eindringling eingeschlichen, der nicht zu den anderen Fällen passt. Überlege dir zuerst, um welche Fälle es sich handelt! Streiche den Eindringling durch und begründe deine Entscheidung!

1. corpore – poeta – ~~moenia~~ – consilio – nave – cornu   kein Ablativ Singular
2. animos – res – insulas – hostis – vires – flumina – annos   ______________________
3. porta – vi – spe – filio – castra – love – ponte – mari   ______________________
4. animalium – caput – auxilium – copiam – manum – rem   ______________________
5. hostis – exercitibus – consiliis – rebus – cornibus – portis   ______________________

Ü 32

Achtung Eindringlinge! Bei dieser Übung findest du neben jedem Nomen mehrere Adjektiva, aber nur eines oder zwei passen dazu. Kennzeichne die passenden Adjektiva und begründe deine Entscheidung!

1. **facinus** + summum – miser – magnum   ______________________
2. **metus** + maximos – vestris – multi   ______________________
3. **mensis** + totus – quarti – alium   ______________________
4. **manus** + parvos – meas – cupidae   ______________________
5. **animali** + nostro – liberae – maximi   ______________________
6. **civitate** + toto – magna – Romani   ______________________
7. **comites** + nostri – alios – Graecis   ______________________
8. **finium** + parvum – vestrorum – reliquam   ______________________
9. **ponti** + longo – totae – summi   ______________________
10. **piratae** + Romano – Graeci – asperae   ______________________

Ü 33

Bei dieser Übung findest du jeweils ein Nomen mit einem Adjektiv in Klammer. (Die Klammer bedeutet, dass das Adjektiv noch nicht mit dem Nomen übereingestimmt wurde.) Versuche Nomen und Adjektiv in den verlangten Fall zu setzen und übersetze die beiden Formen!

1. **comes (noster)**: Akkusativ Singular comitem nostrum; unseren Begleiter
2. **mos (Romanus)**: Ablativ Singular ____________________
3. **turris (altus)**: Ablativ Singular ____________________
4. **tempus (antiquus)**: Nominativ Plural ____________________
5. **mare (asper)**: Ablativ Singular ____________________
6. **sol (magnus)**: Genitiv Plural ____________________
7. **porticus (longus)**: Akkusativ Plural ____________________
8. **mensis (septimus)**: Ablativ Singular ____________________
9. **virgo (parvus)**: Dativ Singular ____________________
10. **pars (multi)**: Akkusativ Plural ____________________

Ü 34

Nenne die beiden Neutra, die im Allgemeinen zur I-Deklination gezählt werden! Führe das vollständige Vokabelzitat an! In welchen Fällen weisen sie Unterschiede zu der konsonantischen Deklination auf?

____

____

Ü 35

Richtig oder falsch? Überlege dir, ob die nun folgenden Behauptungen zutreffen oder nicht, indem du das entsprechende Kästchen ankreuzt! Findest du, dass eine Behauptung falsch ist, bessere den Fehler aus! Wenn du die Übung richtig durchführst, ergeben die gekennzeichneten Felder den Namen eines römischen Kaisers.

		Richtig	Falsch
1.	Der Akkusativ Plural von **vir** lautet **vires**.	C	S
2.	Das Nomen **arbor** ist maskulin.	A	E
3.	Der Ablativ Singular von **animal** lautet **animale**.	L	P
4.	Die Form **parvae** passt zum Nomen **navi**.	T	I
5.	**meridies** und **dies** sind maskuline Ausnahmen.	I	N
6.	Nomen auf **-x** sind meistens feminine MIKOs.	M	A
7.	Die Endung **-us** weist auf ein maskulines Nomen hin.	T	I
8.	Der Genitiv Plural mancher MIKOs kann auf **-ium** enden.	U	O
9.	Die Form **reliquam** passt zum Nomen **montem**.	R	S

Das Lösungswort lautet: ____________________

Ü 36

Setze Nomen und Adjektiv in den verlangten Fall und übersetze die beiden Formen!

1. **sermo (longus):** Dativ Singular ______________________
2. **urbs (altus):** Ablativ Singular ______________________
3. **animal (reliquus):** Ablativ Singular ______________________
4. **virtus (noster):** Akkusativ Plural ______________________
5. **sanguis (totus):** Akkusativ Singular ______________________
6. **passus (multi):** Ablativ Plural ______________________
7. **nomen (vester):** Genitiv Plural ______________________
8. **dies (tertius):** Ablativ Singular ______________________
9. **vox (solus):** Dativ Plural ______________________
10. **nauta (Graecus):** Genitiv Singular ______________________
11. **os (maximus):** Akkusativ Singular ______________________

Ü 37

Drei Fragen, die du richtig und vollständig beantworten solltest! Besonders toll wäre es, wenn du auch Beispiele dazu nennen könntest!

1. Welche Endungsmerkmale weisen die maskulinen Nomina der MIKOs auf?

   ____

2. Welche Endungen sind typisch für die femininen MIKOs?

   ____

3. Sächliche MIKOs erkenne ich an welchen Endungen?

   ____

Ü 38

Bei dieser Übung hast du ein Nomen in einem oder mehreren möglichen Fällen vor dir. Passe das Adjektiv dem Nomen in Zahl, Fall und Geschlecht an und übersetze die Form!

1. regi + (novus) = ______________________
2. tempus + (longus) = ______________________
3. collis + (parvus) = ______________________
4. rebus + (reliquus) = ______________________
5. partium + (multi) = ______________________
6. ora + (totus) = ______________________
7. obsidi + (certus) = ______________________
8. monte + (altus) = ______________________
9. manus + (tuus) = ______________________

Ü 39

Detektiv gefragt! Die unten angeführten Adjektiva und Nomina scheinen gut zusammenzupassen, doch wenn du genau schaust, wirst du merken, dass nur wenige Pärchen wirklich stimmen. Stelle die falschen Formen richtig, indem du das Adjektiv dem Nomen anpasst!

	richtig	falsch	
1. regi novi	____	____	________________
2. tempus longus	____	____	________________
3. poetae summo	____	____	________________
4. fine media	____	____	________________
5. libertati nostri	____	____	________________
6. noctium longam	____	____	________________
7. cornu maximo	____	____	________________

Ü 40

Übersetze die richtigen Formen aus Übung 39 in deinem Übungsheft ins Deutsche!

Ü 41

**Welche der unten angeführten Nomina passen zu dem Adjektiv?
Unterstreiche jene Nomina die deiner Meinung nach passen,
und übersetze sie gemeinsam mit dem Adjektiv!**

1. **parvam:** comitem, pontem, civitatem, matrum ________________
2. **magni:** pontes, metus, solis, piratae ________________
3. **nostrarum:** virtutum, hostium, rerum, dierum ________________
4. **pulchras:** mores, civitas, artes, mulierem ________________
5. **aspero:** itinere, agricolae, mari, tempori ________________
6. **summa:** moenia, turris, poeta, itinera ________________
7. **vestrae:** rei, vires, manus, arboris ________________
8. **misero:** fago, morte, vi, voce ________________
9. **multis:** rebus, hostis, legionibus, sermonis ________________
10. **stulti:** exercitus, regis, piratae, animali ________________

Ü 42

**Stimme das Adjektiv (in Klammer) mit dem Nomen im verlangten Fall überein
und übersetze die gebildete Form ins Deutsche!**

1. **passus (longus):** Akkusativ Plural ________________
2. **urbs (pulcher):** Genitiv Singular ________________
3. **pons (summus):** Ablativ Singular ________________
4. **rex (Romanus):** Genitiv Plural ________________
5. **poeta (parvus):** Akkusativ Singular ________________

6. **ripa (altus)**: Nominativ Plural ______
7. **pecus (magnus)**: Akkusativ Singular ______
8. **obses (noster)**: Dativ Plural ______
9. **liberi (totus)**: Ablativ Plural ______
10. **pax (bonus)**: Genitiv Singular ______
11. **legio (Romanus)**: Nominativ Plural ______
12. **magistratus (reliquus)**: Akkusativ Plural ______
13. **mensis (decimus)**: Ablativ Singular ______
14. **libertas (tuus)**: Dativ Singular ______
15. **metus (maximus)**: Akkusativ Plural ______
16. **iter (asper)**: Akkusativ Singular ______
17. **cornu (parvus)**: Akkusativ Singular ______
18. **sol (summus)**: Akkusativ Singular ______
19. **aes (pulcher)**: Akkusativ Singular ______
20. **morbus (novus)**: Dativ Singular ______
21. **ius (Romanus)**: Ablativ Singular ______
22. **mare (asper)**: Akkusativ Plural ______
23. **vis (summus)**: Akkusativ Plural ______
24. **vir (multi)**: Akkusativ Plural ______
25. **cultus (pristinus)**: Genitiv Singular ______
26. **facinus (totus)**: Akkusativ Singular ______
27. **ordo (meus)**: Dativ Singular ______
28. **gladius (Graecus)**: Ablativ Singular ______
29. **homo (miser)**: Genitiv Plural ______
30. **fons (primus)**: Ablativ Singular ______

Adjektiva der konsonantischen Deklination

Es gibt eine Gruppe von Adjektiva, die nach dem Beispiel von senator, -oris ⟶ **m** Senator abwandelt. Dazu zählen:

pauper, pauperis: arm
dives, divitis: reich
victor, -oris: siegreich
vetus, veteris: alt
princeps, prinicipis: erste; der Erste

	Singular			Plural		
	mask.	**fem.**	**neutr.**	**mask.**	**fem.**	**neutr.**
Nominativ	vet-**us**	vet-**us**	vet-**us**	veter-**es**	veter-**es**	veter-**a**
Genitiv	veter-**is**	veter-**is**	veter-**is**	veter-**um**	veter-**um**	veter-**um**
Dativ	veter-**i**	veter-**i**	veter-**i**	veter-**ibus**	veter-**ibus**	veter-**ibus**
Akkusativ	veter-**em**	veter-**em**	veter-**em**	veter-**es**	veter-**es**	veter-**a**
Ablativ	veter-**e**	veter-**e**	veter-**e**	veter-**ibus**	veter-**ibus**	veter-**ibus**

Ü 43

Bilde zu den angeführten Nomina die passende Form des Adjektivs!
Manchmal gibt es auch mehrere Lösungen. Führe alle Möglichkeiten an!

1. scutum vet-
2. oraculo princip-
3. passus magn-
4. navi veter-
5. pacem long-
6. reges divit-
7. viri victor-
8. oppidis divit-
9. partium princip-
10. pede parv-
11. animali veter-
12. urbibus nov-
13. magistratus divit-
14. more veter-
15. agricolae pauper-
16. iudici miser-

Ü 44

Übersetze die Formen der vorangegangenen Übung in deinem Übungsheft ins Deutsche, nachdem du sie zuvor im Lösungsheft kontrolliert hast!

Ü 45

Welche der folgenden Wortpaare (Nomen + Adjektiv) passen zusammen?
Bessere das falsch übereingestimmte Adjektiv aus und übersetze alle Formen ins Deutsche!

	richtig	falsch	
1. metu veteri			
2. exercitus victoris			
3. poetae diviti			
4. moribus veteris			
5. animali vetere			
6. liberi pauperi			
7. monumentum veterum			
8. tempus victor			

Ü 46

Bilde den Genitiv Plural der fünf konsonantischen Adjektiva!

Ü 47

Das folgende Adjektiv passt zu einer Reihe von Nomina.
Verbinde es mit diesen und übersetze die Formen in deinem Übungsheft!

poeta cultu terrae mare re parte **vetere** manus animali amice magistratus vico

Ü 48

Bilde den Nominativ und Akkusativ Plural neutrum von allen fünf konsonantischen Adjektiva!

____

____

Ü 49

Bei dieser Übung hast du ein Nomen in einem oder mehreren möglichen Fällen. Passe das Adjektiv dem Nomen in Zahl, Fall und Geschlecht an und übersetze die Form!

1. orbium + (parvus) = ______________________________
2. voce + (pristinus) = ______________________________
3. spes + (dives) = ______________________________
4. urbes + (propinquus) = ______________________________
5. nomen + (princeps) = ______________________________
6. navium + (pauper) = ______________________________
7. pontes + (proximus) = ______________________________
8. os + (vetus) = ______________________________
9. pecus + (pauper) = ______________________________
10. hosti + (victor) = ______________________________

Ü 50

Zu jedem Nomen sind drei Adjektiva hinzugefügt. Eines davon ist bereits angepasst und gibt dir in Zweifelsfällen Auskunft darüber, welcher Fall verlangt ist. Stimme auch die beiden anderen Adjektiva mit dem Nomen überein!

1. rei + (magnus) ____________, principis, (vetus) ____________
2. uxori + pauperi, (optimus) ____________, (dives) ____________
3. ignis + (vetus) ____________, (princeps) ____________, propinqui
4. memoriam + pristinam, (vetus) ____________, (longus) ____________
5. voci + (inusitatus) ____________, principi, (miser) ____________
6. mense + (tertius) ____________, (vetus) ____________, novo
7. cultus + (noster) ____________, pauperis, (Romanus) ____________
8. funus + pauper, (publicus) ____________, (dives) ____________

Ü 51

Übersetze die Formen der vorangegangenen Übung in deinem Übungsheft ins Deutsche, nachdem du sie zuvor im Lösungsheft kontrolliert hast!

Konsonantische Adjektiva mit i-Einfluss (= KAMIEs)

Die Adjektiva dieser sehr wichtigen Gruppe werden im Allgemeinen **wie die Adjektiva der konsonantischen Deklination** abgewandelt. Allerdings weisen sie in drei Fällen **„i"-Einfluss** auf:

Ablativ Singular: **-i**
Genitiv Plural: **-ium**
Nominativ und Akkusativ (Vokativ) Plural neutrum: **-ia**

Man unterscheidet drei Gruppen, die alle bis auf den Nominativ Singular gleich abgewandelt werden:

1. **Einender:** Im Nominativ Singular haben Maskulin, Feminin und Neutrum dieselbe Endung!
2. **Zweiender:** Im Nominativ Singular haben Maskulin und Feminin eine gemeinsame Endung, das Neutrum weist eine eigene Endung auf. Diese Adjektiva wandeln wie **omnis** ab!
3. **Dreiender:** Jedes Geschlecht hat im Nominativ Singular eine eigene Endung.

Einender mit dem Endungsmerkmal -x oder -ns

Dazu zählen zum Beispiel:
felix, felicis: glücklich
prudens, prudentis: klug

	Singular			Plural		
	mask.	**fem.**	**neutr.**	**mask.**	**fem.**	**neutr.**
Nominativ	feli-**x**	feli-**x**	feli-**x**	felic-**es**	felic-**es**	felic-**ia**
Genitiv	felic-**is**	felic-**is**	felic-**is**	felic-**ium**	felic-**ium**	felic-**ium**
Dativ	felic-**i**	felic-**i**	felic-**i**	felic-**ibus**	felic-**ibus**	felic-**ibus**
Akkusativ	felic-**em**	felic-**em**	feli-**x**	felic-**es**	felic-**es**	felic-**ia**
Ablativ	felic-**i**	felic-**i**	felic-**i**	felic-**ibus**	felic-**ibus**	felic-**ibus**

Zweiender mit dem Endungsmerkmal -is, -e

Dazu zählen zum Beispiel:
omnis, omne: jeder, ganz; Pl.: alle
fortis, forte: stark, tapfer

	Singular			Plural		
	mask.	**fem.**	**neutr.**	**mask.**	**fem.**	**neutr.**
Nominativ	omn-**is**	omn-**is**	omn-**e**	omn-**es**	omn-**es**	omn-**ia**
Genitiv	omn-**is**	omn-**is**	omn-**is**	omn-**ium**	omn-**ium**	omn-**ium**
Dativ	omn-**i**	omn-**i**	omn-**i**	omn-**ibus**	omn-**ibus**	omn-**ibus**
Akkusativ	omn-**em**	omn-**em**	omn-**e**	omn-**es**	omn-**es**	omn-**ia**
Ablativ	omn-**i**	omn-**i**	omn-**i**	omn-**ibus**	omn-**ibus**	omn-**ibus**

Dreiender mit dem Endungsmerkmal -r, -ris, -re

Dazu zählen zum Beispiel:
acer, acris, acre: wild, heftig
celer, celeris, celere: schnell
celeber, celebris, celebre: berühmt

	Singular			Plural		
	mask.	fem.	neutr.	mask.	fem.	neutr.
Nominativ	ace-**r**	ac-**ris**	ac-**re**	acr-**es**	acr-**es**	acr-**ia**
Genitiv	acr-**is**	acr-**is**	acr-**is**	acr-**ium**	acr-**ium**	acr-**ium**
Dativ	acr-**i**	acr-**i**	acr-**i**	acr-**ibus**	acr-**ibus**	acr-**ibus**
Akkusativ	acr-**em**	acr-**em**	ac-**re**	acr-**es**	acr-**es**	acr-**ia**
Ablativ	acr-**i**	acr-**i**	acr-**i**	acr-**ibus**	acr-**ibus**	acr-**ibus**

Ü 52

Beantworte folgende Fragen:

1. Was bedeutet der Name „KAMIEs"?

____

2. Mit welcher Adjektivgruppe sind sie eng verwandt?

____

3. In welchen Fällen unterscheiden sie sich von diesen?

____

Ü 53

Dekliniere in der linken Tabelle das konsonantische Adjektiv „vetus", in der rechten das KAMIE „fortis, -e"! Markiere jene Fälle, in denen die beiden Adjektiva unterschiedlich abgewandelt werden!

Singular:

	vetus, veteris			fortis, -e		
	mask.	fem.	neutr.	mask.	fem.	neutr.
Nominativ	______	______	______	______	______	______
Genitiv	______	______	______	______	______	______
Dativ	______	______	______	______	______	______
Akkusativ	______	______	______	______	______	______
Ablativ	______	______	______	______	______	______

Plural:

	mask.	fem.	neutr.	mask.	fem.	neutr.
Nominativ	______	______	______	______	______	______
Genitiv	______	______	______	______	______	______
Dativ	______	______	______	______	______	______
Akkusativ	______	______	______	______	______	______
Ablativ	______	______	______	______	______	______

Ü 54

Das folgende Adjektiv passt zu einer Reihe von Nomina. Verbinde es mit diesen und übersetze die Formen anschließend in deinem Übungsheft!

regi hosti tempore

agricolae rei **omni** oppidi foro

parte tabula praemio manus

Ü 55

Setze Nomen und Adjektiv in den verlangten Fall und übersetze die beiden Formen!

1. **vox (meus)**: Ablativ Singular ______
2. **mons (omnis)**: Akkusativ Plural ______
3. **iter (similis)**: Nominativ Plural ______
4. **consilium (prudens)**: Akkusativ Singular ______
5. **ordo (totus)**: Akkusativ Plural ______
6. **facinus (turpis)**: Nominativ Singular ______
7. **tempus (celer)**: Akkusativ Singular ______
8. **metus (summus)**: Genitv Plural ______
9. **pars (proximus)**: Dativ Singular ______
10. **dux (fortis)**: Genitiv Plural ______
11. **ius (vetus)**: Akkusativ Singular ______
12. **mors (celer)**: Ablativ Singular ______
13. **os (dulcis)**: Akkusativ Singular ______
14. **dies (princeps)**: Ablativ Singular ______
15. **agmen (celeber)**: Akkusativ Singular ______
16. **bellum (acer)**: Genitiv Plural ______
17. **sol (omnis)**: Dativ Singular ______
18. **pes (celer)**: Ablativ Singular ______
19. **civitas (pauper)**: Nominativ Singular ______
20. **consul (omnis)**: Ablativ Singular ______
21. **res (multi)**: Dativ Plural ______
22. **arbor (altus)**: Akkusativ Plural ______
23. **mare (asper)**: Akkusativ Plural ______
24. **caput (prudens)**: Ablativ Singular ______
25. **castra (similis)**: Nominativ Plural ______
26. **deus (immortalis)**: Dativ Plural ______
27. **corpus (gravis)**: Akkusativ Singular ______
28. **nauta (vetus)**: Genitiv Singular ______

Die Steigerung der Adjektiva

Lateinische Adjektiva kann man – ebenso wie Adjektiva im Deutschen – steigern.
Man unterscheidet dabei drei Formen:
1. **Positiv** (Grundstufe): schnell, groß, weit
2. **Komparativ** (Mehrstufe): schneller, größer, weiter
3. **Superlativ** (Meiststufe): am schnellsten, am weitesten

Positiv (Grundstufe)

So findest du das Adjektiv im Wörterbuch oder Vokabelverzeichnis:
magnus, -a, -um: groß
felix, felicis: glücklich
omnis, -e: jeder, ganz; Plural: alle

Komparativ (Mehrstufe) mit dem Merkmal -ior, -ius

Egal zu welcher Deklination ein Adjektiv gehört, es wird im Komparativ immer das Endungsmerkmal **-ior, -ius** als neue Endung angehängt!

iustus, -a, -um: gerecht → iust**ior**, iust**ius**: gerecht**er**
asper, aspera, asperum: rau → asper**ior**, asper**ius**: rau**er**
fortis, -e: tapfer → fort**ior**, fort**ius**: tapfer**er**

Der **Komparativ** wird nach der **konsonantischen Deklination** abgewandelt!

	Singular			Plural		
	mask.	**fem.**	**neutr.**	**mask.**	**fem.**	**neutr.**
Nominativ	fort**ior**	fort**ior**	fort**ius**	fort**ior-es**	fort**ior-es**	fort**ior-a**
Genitiv	fort**ior-is**	fort**ior-is**	fort**ior-is**	fort**ior-um**	fort**ior-um**	fort**ior-um**
Dativ	fort**ior-i**	fort**ior-i**	fort**ior-i**	fort**ior-ibus**	fort**ior-ibus**	fort**ior-ibus**
Akkusativ	fort**ior-em**	fort**ior-em**	fort**ius**	fort**ior-es**	fort**ior-es**	fort**ior-a**
Ablativ	fort**ior-e**	fort**ior-e**	fort**ior-e**	fort**ior-ibus**	fort**ior-ibus**	fort**ior-ibus**

Superlativ (Meiststufe) mit dem Merkmal -issimus

Adjektiva, die wie asper, liber, celer auf **-er** enden, bilden den Superlativ auf **-errimus**.

Adjektiva wie facilis, difficilis, similis, dissimilis, humilis bilden den Superlativ auf **-illimus**.

Egal zu welcher Deklination ein Adjektiv gehört, es wird im Superlativ immer die typische Superlativendung angefügt.

iustus, -a, -um: gerecht → iust**issimus, -a, -um**: gerecht**este**
asper, aspera, asperum: rau → asp**errimus, -a, -um**: rau**este**
fortis, -e: tapfer → fort**issimus, -a, -um**: tapfer**ste**
facilis, -e: leicht → fac**illimus, -a, -um**: leicht**este**

Die Abwandlung des **Superlativs** erfolgt immer nach der **A-/O-Deklination**!

Ü 56

Welche Komparativ- und Superlativformen passen zu welchem der drei angeführten Nomina? Ordne richtig zu!

simillimae prudentiorum feliciori

prudentiori **filiae** **arbores** **regum** similiori

pulcherrimas feliciores fortissimorum

Ü 57

Bilde den entsprechenden Komparativ und Superlativ des Adjektivs und übersetze die Formen!

1. amicum fortem fortiorem/fortissimum – den starken/stärkeren/stärksten Freund
2. consuli iusto ______
3. iter facile ______
4. ponte alto ______
5. nomen simile ______
6. uxorum felicium ______
7. legiones celeres ______
8. proelia acria ______
9. consilii prudentis ______
10. poetae pauperi ______

Was muss ich noch bei der Steigerung wissen?

Neben der regelmäßigen Bildung der Steigerungsformen gibt es einige wenige, aber häufig verwendete Adjektiva, die eine unregelmäßige Steigerung aufweisen.

Positiv	Komparativ	Superlativ
gut: bonus, -a, -um	**besser:** melior, melius	**beste:** optimus, -a, -um
schlecht: malus, -a, -um	**schlechter:** peior, peius	**schlechteste:** pessimus, -a, -um
groß: magnus, -a, -um	**größer:** maior, maius	**größte:** maximus, -a, -um
klein: parvus, -a, -um	**kleiner:** minor, minus	**kleinste:** minimus, -a, -um
viel: multum	**mehr:** plus	**am meisten:** plurimum
viele: multi, -ae, -a	**mehrere:** plures, -a	**die meisten:** plurimi, -ae, -a

Bei der Übersetzung eines Komparativs oder Superlativs ist mitunter eine **Umschreibung** besser als die übliche Übersetzung.

Komparativ → **ziemlich** + Adjektiv (z. B. fortior: ziemlich stark)
Superlativ → **sehr** + Adjektiv (z. B. fortissimus: sehr/äußerst stark)

Ü 58

Bilde den entsprechenden Komparativ und Superlativ des Adjektivs und übersetze die Formen!

1. amicum bonum ______
2. virgini magnae ______
3. facinora mala ______
4. rei parvae ______
5. auxilia multa ______
6. arborum magnarum ______

Ü 59

Setze Nomen und Adjektiv in den verlangten Fall! Wo es möglich ist, bilde auch die passende Komparativ- und Superlativform!

1. **mater (prudens)**: Akkusativ Singular ______
2. **metus (magnus)**: Nominativ Plural ______
3. **res (difficilis)**: Dativ Singular ______
4. **facinus (malus)**: Akkusativ Singular ______
5. **mare (parvus)**: Akkusativ Plural ______
6. **magistratus (bonus)**: Genitiv Plural ______
7. **hostis (celer)**: Ablativ Singular ______
8. **mors (tristis)**: Akkusativ Singular ______
9. **mensis (omnis)**: Ablativ Singular ______
10. **tempus (longus)**: Dativ Plural ______
11. **os (similis)**: Akkusativ Singular ______
12. **auxilium (celer)**: Genitiv Singular ______
13. **exercitus (fortis)**: Genitiv Plural ______
14. **fines (multi)**: Akkusativ Plural ______
15. **virtus (immortalis)**: Ablativ Singular ______
16. **obses (celeber)**: Genitiv Plural ______
17. **praemium (magnus)**: Akkusativ Plural ______
18. **vinum (vetus)**: Akkusativ Singular ______
19. **vox (turpis)**: Dativ Plural ______
20. **senator (malus)**: Ablativ Singular ______
21. **Iupiter (summus)**: Genitiv Singular ______
22. **deus (crudelis)**: Nominativ Plural ______
23. **virgo (pulcher)**: Akkusativ Plural ______
24. **manus (liber)**: Akkusativ Singular ______
25. **rex (iustus)**: Genitiv Singular ______
26. **urbs (celeber)**: Dativ Plural ______

Ü 60

Übersetze die zuvor gebildeten Formen aus Übung 59 in deinem Übungsheft ins Deutsche, nachdem du ihre Richtigkeit im Lösungsheft kontrolliert hast!

Ü 61

Beantworte folgende Fragen:

1. Welche Adjektiva weisen eine unregelmäßige Steigerung auf?

   ____

2. Welche Adjektiva bilden den Superlativ auf -errimus?

   ____

3. Welche Adjektiva bilden den Superlativ auf -illimus?

   ____

Ü 62

Welches Pärchen (Nomen + Adjektiv) passt zusammen?
Kennzeichne die richtigen Pärchen und übersetze sie im Übungsheft!

1. rei simillimae – pecus optimus – oppidum maius – arte omni – naves celerrimos
2. fluminum acerrimum – auctoritate immortale – libris pluris – meridiem totam
3. viribus minoris – partium simillimam – manus maiores – litterae plures

Ü 63

Wähle bei der Übersetzung der folgenden Beispiele die Umschreibung!

1. viro maiori / maximo ______________________
2. legiones celeriores / celerrimae ______________________
3. virgo melior / optima ______________________
4. facinora graviora / gravissima ______________________
5. Iovem fortiorem / fortissimum ______________________
6. uxorum prudentiorum / prudentissimarum ______________________

Ü 64

Welche der unten angeführten Nomina passen zu dem jeweiligen Adjektiv?
Unterstreiche und übersetze die richtigen Formen!

1. **meliorum:** pontem, navium, oppidum, puellarum ______________________
2. **simile:** hosti, templum, ius, arbore ______________________
3. **prudentium:** oraculum, consilium, uxorum, virorum ______________________
4. **peiori:** rei, magistro, metui, nautae ______________________
5. **omnium:** animal, matrem, monumentum, locorum ______________________

6. **maiore:** metu, turri, amice, mare ______
7. **graviori:** parte, gladio, statuae, manui ______
8. **turpi:** pugna, morte, proelio, modi ______
9. **pluribus:** amicis, urbis, legionis, vocis ______
10. **felices:** legioni, liberi, agricolae, animalia ______

Ü 65

Achtung Eindringlinge! Bei dieser Übung findest du neben dem jeweiligen Nomen mehrere Adjektiva, aber nur eines oder zwei passen dazu.
Kennzeichne den/die Eindringling(e) und übersetze die richtigen Formen!

1. viro + meliori – omne – maiore ______
2. rebus + optimis – nostrae – similis ______
3. nautae + Romano – fortes – aliae ______
4. exercitus + celeris – vestrae – acres ______
5. maris + nostri – altis – Graeco ______
6. signum + simile – minore – fortium ______
7. virtute + omne – tuo – simili ______
8. spe + parva – turpe – omni ______
9. fines + reliquae – toti – longos ______
10. iuri + vestrae – Graeci – aspero ______

Ü 66

Im Folgenden sind Adjektiva im Komparativ angeführt.
Passen sie zu den neben ihnen stehenden Nomina?
Wenn nicht, stelle die Adjektivform richtig und übersetze anschließend alle Formen!

	richtig	falsch	
1. piratae fortiores	____	____	______
2. consilium peius	____	____	______
3. magistratu minori	____	____	______
4. paci difficilioris	____	____	______
5. oraculum meliorum	____	____	______
6. nave celeriori	____	____	______
7. exercitus fortioris	____	____	______
8. regem prudentiorum	____	____	______
9. praemium maius	____	____	______

Ü 67

Setze Nomen und Adjektiv in den jeweils verlangten Fall!
Wo es möglich ist, bilde auch die passende Komparativ- und Superlativform!

1. **pons (similis):** Ablativ Singular ____________________
2. **scutum (magnus):** Akkusativ Plural ____________________
3. **passus (multi):** Ablativ Plural ____________________
4. **imperator (parvus):** Dativ Singular ____________________
5. **animal (malus):** Nominativ Plural ____________________
6. **finis (vetus):** Genitiv Plural ____________________
7. **libertas (omnis):** Ablativ Singular ____________________
8. **mos (turpis):** Akkusativ Singular ____________________
9. **cultus (dissimilis):** Genitiv Singular ____________________
10. **memoria (immortalis):** Ablativ Singular ____________________
11. **ius (multi):** Akkusativ Plural ____________________
12. **os (parvus):** Dativ Singular ____________________
13. **vis (fortis):** Akkusativ Plural ____________________
14. **genus (multi):** Nominativ Plural ____________________
15. **turris (altus):** Akkusativ Singular ____________________
16. **dux (prudens):** Genitiv Plural ____________________
17. **arbor (magnus):** Dativ Singular ____________________
18. **dies (omnis):** Genitiv Plural ____________________
19. **legio (celer):** Ablativ Plural ____________________
20. **manus (multi):** Akkusativ Plural ____________________

Ü 68

Übertrage die zuvor gebildeten Formen aus Übung 67
(auch jene des Komparativs und Superlativs) in deinem Übungsheft ins Deutsche!

Ü 69

Wenn es dir gelingt, die Fragen des Kreuzworträtsels richtig zu beantworten, ergibt die Lösung einen lateinischen Sinnspruch. Dazu musst du die Buchstaben in den rosa unterlegten Feldern einfach der Reihe nach in die freien Felder des Spruches einsetzen. Das Rätsel gilt aber erst dann als richtig gelöst, wenn du ALLE Fragen beantwortet hast!

Waagrecht:

1. Wie lautet der Ablativ Singular von **ars**?
3. Wie lautet der Nominativ Singular maskulin des Komparativs von **malus**?
5. Welche Endung hat der Ablativ Singular der KAMIEs?
6. Der Ablativ Singular der O-Deklination hat welche Endung?
7. Wie lautet der Genitiv Singular von **metus**?
12. Der Akkusativ Singular neutrum von **vetus** heißt …?
15. Wie endet der Nominativ Plural der Feminina der MIKOs?
16. Der Akkusativ Singular von **sol** lautet …?
18. Der Dativ Singular von **dies** heißt …?
19. Welche Endung weist der Akkusativ Singular neutrum im Komparativ auf?
21. Wie lautet der Nominativ Plural von **deus**?
22. Was heißt **von zuhause** auf Lateinisch?
24. Der Dativ Singular der U-Deklinativ lautet …?
25. Wie wird der Dativ Singular von **aes** gebildet?
26. Der Vokativ Singular von **Marcus** heißt …?

27. Welche Endung haben die KAMIEs im Akkusativ Singular feminin?
28. Wie lautet der Ablativ Singular von **Mund** auf Lateinisch?
29. Der Dativ Singular von **dux**?
30. Nenne eine typische Endung der maskulinen MIKOs!
31. Wie heißt der Akkusativ Plural feminin von **multi, -ae, -a** im Komparativ?
35. Nomina der E-Deklination enden im Akkusativ Singular auf …?
36. Die Endung des Genitivs Plural der konsonantischen Adjektiva lautet …?
37. Jene der E-Deklination?
38. Bilde den Nominativ Plural neutrum des Komparativs von **bonus**!
39. Der Akkusativ Plural der U-Deklination endet üblicherweise auf …?
40. Der Ablativ Singular der U-Deklination endet in der Regel auf …?
41. Nenne den Ablativ Singular von **dives**!
42. Bilde den Ablativ Singular von **fortis**!

Senkrecht:

2. Wie lautet der Dativ Singular von **res**?
4. Welches Neutrum der MIKOs bedeutet **Recht**?
6. Nenne den Genitiv Plural von **obses**?
7. Wie heißt der Nominativ Singular feminin von **bonus** im Komparativ?
8. Welche Endung hat der Komparativ maskulin von **magnus** im Nominativ Singular?
9. Wie lautet der Genitiv Singular der U-Deklination?
10. Der Akkusativ Plural neutrum von **fortis** lautet …?
11. Die KAMIEs weisen im Ablativ Singular welche Endung auf?
13. Wie lautet die passende Form von **turpis** zu **facinus**?
14. Der Genitiv Plural von **pauper** lautet …?
17. Was bedeutet **domi**?
20. Die Endung des Nominativs Singular feminin eines Zweienders der KAMIEs ist …?
23. Wie lautet der Akkusativ Singular neutrum des Komparativs von **parvus**?
32. Der Genitiv Singular von **res** lautet …?
33. Welche Endung wird im Genitiv Plural beim Komparativ an das Erkennungsmerkmal **-ior-** angeschlossen?
34. Der Akkusativ Singular von **aes** heißt …?

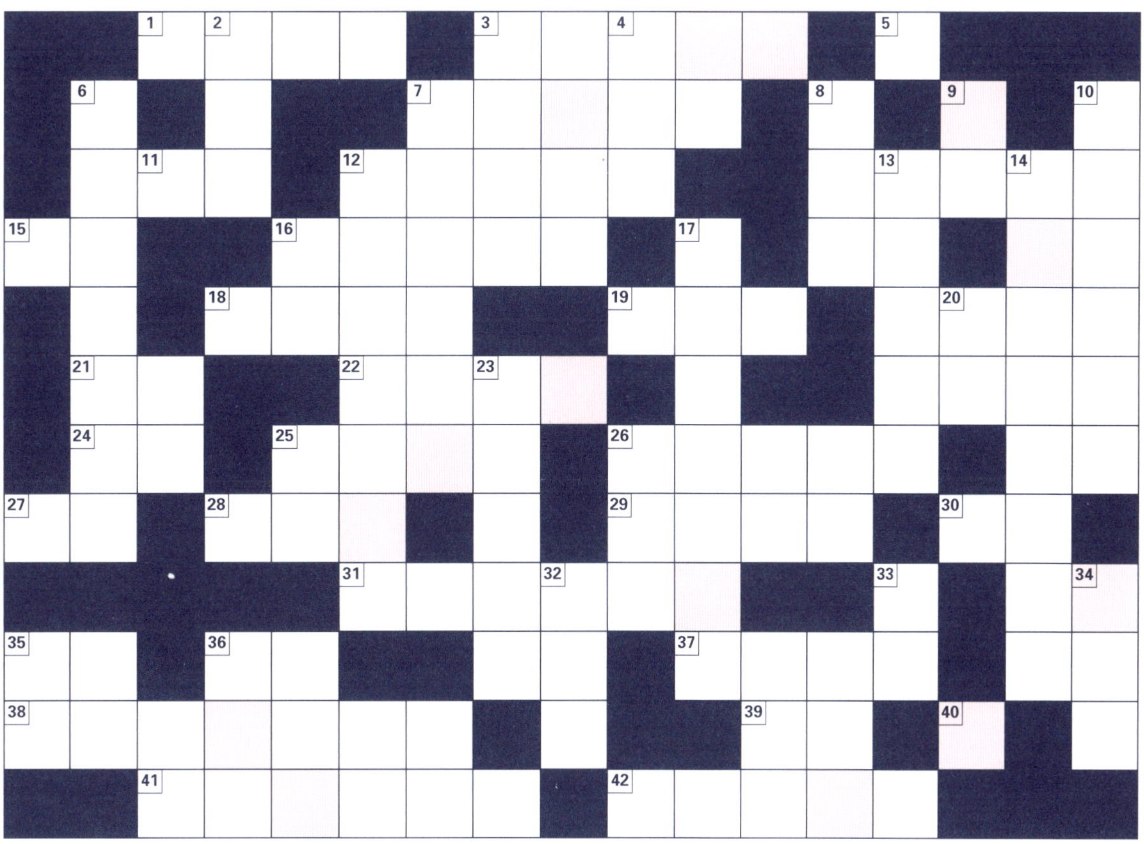

F					N		F			T				D				A	

Das Adverb

Das Adverb wird vom **Adjektiv** gebildet, es ist steigerbar (Komparativ, Superlativ), weist aber stets nur eine (fixe!) Form auf, da es nicht an ein Nomen angepasst wird. Das Adverb beschreibt, auf welche Art und Weise etwas passiert. Es bezieht sich daher inhaltlich auf ein Verb.

Unterschied zwischen Adverb und Adjektiv:

Adverb	Adjektiv
1. **fixe** Form	1. passt sich meist an ein Nomen an
2. gibt an, auf welche Art und Weise etwas geschieht	2. beschreibt die Eigenschaft eines Nomens
3. **steigerbar, aber immer nur eine fixe Form** für Positiv, Komparativ, Superlativ	3. **in allen Fällen deklinier- und steigerbar**

Die Bildung des Adverbs:

Positiv (Grundstufe):
Adjektiva der A-/O-Deklination bilden das Adverb auf **-e**: iuste, longe …
KAMIEs bilden das Adverb auf **-(n)ter**: prude**nter**, felici**ter**, acri**ter** …
Merke: bene, male, **facile** (!)

Komparativ (Mehrstufe) mit dem Merkmal **-ius**:
Egal zu welcher Deklination ein Adjektiv gehört, es wird im Komparativ immer das Endungsmerkmal **-ius** als Endung des Adverbs angehängt: iust**ius**, prudent**ius**, acr**ius** …

Superlativ (Meiststufe) mit dem Merkmal **-issime**:
Die Adjektiva auf **-errimus** oder **-illimus** bilden das Adverb auf **-errime** und **-illime**: iust**issime**, prudent**issime**, ac**errime**, fac**illime**, **optime** …

Das Adverb kann genauso wie das Adjektiv mit einer **Umschreibung** (ziemlich, sehr) wiedergegeben werden!

Beispiel für die unterschiedliche Verwendung von Adverb und Adjektiv:

1. Milites **fortiter** (fortius, fortissime) pugnant. → **Adverb** (beschreibt, wie die Soldaten kämpfen)
   Die Soldaten kämpfen tapfer (tapferer, am tapfersten oder ziemlich/sehr tapfer).
2. Milites **fortes** (fortiores, fortissimi) pugnant. → **Adjektiv** (beschreibt die Soldaten)
   Die tapferen (tapfereren, tapfersten oder ziemlich/sehr tapferen) Soldaten kämpfen.

Ü 70

Entscheide bei den angeführten Beispielsätzen, ob die unterstrichene Form ein Adverb oder Adjektiv ist. Übersetze danach den Satz!

1. Virgo celeriter (celerius, celerrime) domum contendit.

   ____

2. Alexander suum equum celerrimum maxime amavit.

   ____

3. Caesar legiones celeriores in Galliam duxit.

   ____

4. Liberi amicos felicissime salutaverunt.

   ____

5. Cives hostes acerrimos ab urbe prohibuerunt.

   ____

6. Hostes oppidum maius circumvenerunt.

   ____

Ü 71

Bilde zu den angeführten Adjektiva die passenden Adverbia!

Adjektiv	Adverb: Positiv	Komparativ	Superlativ
felix			
prudens			
longus			
facilis			
bonus			
iustus			
acer			
gravis			
malus			
celer			

Ü 72

Mach dir in deinem Übungsheft eine Tabelle wie in Übung 71 und übersetze die Adverbia ins Deutsche. Verwende dabei auch die Umschreibung!

Ü 73

Beantworte folgende Fragen:

1. An welche Form erinnert der Komparativ des Adverbs?
2. Wie lautet das Adverb (Positiv) von **facilis**?
3. Was muss ich bei dieser Form besonders beachten?
4. Worin unterscheidet sich das Adverb vom Adjektiv?

Die Fälle im Lateinischen (= Kasuslehre)

Die Fälle (besonders der Ablativ) können im Lateinischen verschiedene Funktionen und Aufgaben übernehmen.

Ablativ

Meistens steht der Ablativ mit einer Präposition **(a, ab, e, ex, sine, pro, cum, prae, de** sowie **in** und **sub** auf die Frage **„Wo?")**.
In diesem Fall gibt die Präposition bereits vor, wie der Ablativ zu übersetzen ist.

Steht der Ablativ ohne Präposition, so findest du durch folgende Fragen schnell heraus, um welchen Ablativ es sich handelt:

1. **Ablativus INSTRUMENTI** („Mittel"): Frage **„Womit?" „Wodurch?"**
   z. B. Asterix et Obelix hostes manibus a vico suo prohibent.
   Asterix und Obelix halten die Feinde mit ihren Händen von ihrem Dorf fern.
2. **Ablativus TEMPORIS** („Zeit"): Frage **„Wann?"**
   z. B. Secunda hora ad scholam eo.
   Zur zweiten Stunde (= 7 Uhr) gehe ich in die Schule.
3. **Ablativus QUALITATIS** („Eigenschaft"): Frage **„Von welcher Eigenschaft?"**
   z. B. Achilles capillis flavis fuit.
   Achill hatte blonde Haare. (eigentl.: Achill war von blonden Haaren.)
4. **Ablativus SEPARATIONIS** („Trennung"): Frage **„Wovon (weg)?"**
   z. B. Pericles populum metu liberavit.
   Perikles befreite das Volk von der Furcht.
5. **Ablativus MODI** („Art und Weise"): Frage **„Auf welche Art und Weise?"**
   z. B. Daedalus alas magna (cum) arte construxit.
   Daedalus baute Flügel mit großem Geschick.
6. **Ablativus COMPARATIONIS** („Vergleich"): Frage **„Als wer oder was?"**
   z. B. Equi regis vento celeriores erant.
   Die Pferde des Königs waren schneller als der Wind.
   Der Ablativus comparationis steht immer gemeinsam mit einem Komparativ!
7. **Ablativus CAUSAE** („Grund"): Frage **„Warum?"**
   z. B. Divitiarum cupiditate alii aliis bellum inferunt.
   Wegen ihrer Gier nach Reichtum beginnen die einen mit den anderen Krieg.
8. **Ablativus LIMITATIONIS** („Beziehung"): Frage **„In welcher Hinsicht?"**
   z. B. Croesus divitiis celeber erat.
   Croesus war für seinen Reichtum berühmt.
9. **Ablativus LOCI** („Ort"): Frage **„Wo?"**
   z. B. Tota urbe cives Romani imperatorem salutaverunt.
   In der ganzen Stadt begrüßten die römischen Bürger den Feldherren.

Ü 74

Um welchen Ablativ handelt es sich bei den folgenden Beispielen?
Unterstreiche, benenne und übersetze ihn!

1. Meridie liberi domum redierunt. ______
2. Cornelius morbo gravi mortuus est. ______
3. Uxor amore affecta marito suo litteras multas misit. ______
4. Virgines voce pulchra cecinerunt. ______
5. Ulixes ingenio magno alios superavit. ______
6. Heracles aliis viris fortior erat. ______
7. Mense proximo in Graeciam iter facimus. ______
8. Magnis viribus Heracles monstrum occidit. ______
9. Ulixes summa prudentia fuit. ______
10. Nostris temporibus poetae maximi non sunt. ______

Genitiv

Der Genitiv **(Frage „Wessen?" „Von wem?")** gibt meist den Besitz an.
Wie der Ablativ weist er verschiedene Funktionen auf, die an folgenden Fragen erkennbar sind:

1. **Genitivus POSSESSIVUS** („Besitz"): Frage **„Wessen Besitz?"**
   z. B. Haec navis amici nostri est.
   Dieses Schiff gehört unserem Freund. (eigentl.: … ist unseres Freundes.)
2. **Genitivus QUALITATIS** („Eigenschaft"): Frage **„Von welcher Eigenschaft?"**
   z. B. Urbs Roma mirae magnitudinis est.
   Die Stadt Rom ist bewundernswert groß. (eigentl.: … ist von wunderbarer Größe.)
3. **Genitivus OBIECTIVUS** („Objekt"): Frage **„Wem gegenüber?" „Gegen wen?"**
   z. B. Aeneas pietate deorum Didonem reginam reliquit.
   Aeneas verließ aus Ehrfurcht den Göttern gegenüber die Königin Dido.
4. **Genitivus PARTITIVUS** („Teilung"): Frage **„Von welcher Menge/Gruppe?"**
   z. B. Quis vestrum hoc dixit?
   Wer von euch hat das gesagt?

Ü 75

Um welchen Genitiv handelt es sich bei den folgenden Beispielen?
Unterstreiche, benenne und übersetze ihn!

1. Templa deorum pulcherrima sunt. ______
2. Amor uxoris maxima erat. ______
3. Nemo nostrum hoc fecit. ______
4. Leonardus da Vinci magni ingenii fuit. ______
5. Ira hostium adducti milites impetum fecerunt. ______
6. Venus dea magnae pulchritudinis fuit. ______
7. De monte villam patris spectamus. ______
8. In Curia consilia senatus audivimus. ______

Dativ

Der Dativ **(Frage „Wem?")** gibt meist an, wem etwas gegeben, geschenkt etc. wird. Weiters hat er noch folgende Funktionen:

1. **Dativus POSSESSIVUS** („Besitz"): Frage **„Wem gehörig?"**
   z. B. Haec domus <u>nobis</u> est.
   Dieses Haus gehört uns. (eigentl.: Dieses Haus ist uns gehörig.)
2. **Dativus FINALIS** („Ziel, Zweck"): Frage **„Wozu?"**
   z. B. Statuae omnibus <u>admirationi</u> fuerunt.
   Die Statuen wurden von allen bewundert.
   (eigentl.: ...waren allen zur Bewunderung.)
3. **Dativus COMMODI/INCOMMODI** („Vorteil/Nachteil"): Frage **„Für wen oder was?"**
   z. B. Non <u>scholae</u>, sed <u>vitae</u> discimus.
   Nicht für die Schule, sondern für das Leben lernen wir.
4. **Dativus AUCTORIS** („Veranlasser, Urheber"): Frage **„Von wem?"**
   z. B. <u>Mihi</u> redeundum est.
   Ich muss zurückkehren. (eigentl.: Von mir/Mir ist zurückzukehren.)
   Der Dativus auctoris steht meist mit einem prädikativen Gerundiv!

Ü 76

Um welchen Dativ handelt es sich bei den folgenden Beispielen? Unterstreiche und benenne ihn! Übersetze dann den ganzen Satz im Übungsheft!

1. Naves pulchrae Cornelio sunt. ______________
2. Hae res nobis agendae sunt. ______________
3. Crudelitas tyranni omnibus maximo odio fuit. ______________
4. Quae res vobis sunt? ______________
5. Hostes legionibus ab oppido prohibendi sunt. ______________
6. Imperium Caesaris multis senatoribus invidiae fuit. ______________
7. Multae legiones Pompeio fuerunt. ______________
8. Consilium amicis capiendum erat. ______________

Akkusativ

Der Akkusativ **(Frage „Wen oder was?")** gibt an, auf wen oder was sich eine bestimmte Handlung bezieht. Zusätzlich weist er noch folgende Funktionen auf:

1. **Akkusativ der RAUM- und ZEITSTRECKE**: Frage **„Wie weit/lange?"**
   z. B. Viri Romani <u>totum diem</u> in foro sunt.
   Die römischen Männer sind den ganzen Tag auf dem Forum.
2. **Akkusativ des AUSRUFS**: (keine Frage!)
   z. B. Heu, <u>me miserum</u>!
   Ach, ich Armer!
3. **BEZUGSAKKUSATIV**: Frage **„In Bezug auf was?"**
   z. B. <u>Id</u> gaudemus.
   Darüber freue ich mich. (eigentl.: In Bezug auf dieses freue ich mich.)

4. **Akkusativ der RICHTUNG**: Frage **„Wohin?"**
   z. B. Heri amici Epidaurum venerunt.
   Gestern kamen die Freunde nach Epidaurus.

5. **Akkusativ als ACI-SUBJEKT**: Frage **„Wer oder was?"**
   z. B. Legimus Ulixem ad insulam Cyclopis pervenisse.
   Wir lesen, dass Odysseus zur Insel des Zyklopen gekommen ist.
   Dieser Akkusativ wird zum Subjekt des „dass"-Satzes!

Ü 77

Um welchen Akkusativ handelt es sich bei den folgenden Beispielen? Unterstreiche und benenne ihn! Übersetze dann den ganzen Satz im Übungsheft!

1. Amicos in Siciliam pervenisse scimus. ______
2. Marcus multos dies in Galliam iter fecit. ______
3. Corneliam maritum suum maxime amavisse legistis. ______
4. Septimius filium libros non diligenter legisse dixit. ______

WOHER – WO – WOHIN bei Städtenamen

Bei den **Städtenamen im Singular** musst du etwas aufpassen, da hier meistens die Präposition fehlt und du nur an der Endung erkennen kannst, ob:

a) jemand in die Stadt kommt **(Wohin?)**
b) jemand bereits in der Stadt ist **(Wo?)**
c) jemand aus der Stadt weggeht **(Woher? Von wo?)**

Wohin?	**Wo?**	**Von wo?**
Romam	Romae	Roma
Epidaurum	Epidauri	Epidauro
Carnuntum	Carnunti	Carnunto
↓	↓	↓
Akkusativ	**Genitiv**	**Ablativ**
(Akkusativ der Richtung)		(Ablativus separationis)

Diese Regeln gelten nur für **Städtenamen** der **A-/O-Deklination** im **Singular**!

Ist der Städtename aber ein Plural, steht sowohl auf die Frage **„Wo?"** als auch auf die Frage **„Von wo?"** der Ablativ!
Pompeios … nach Pompeji ⟶ Pompeiis … **in** Pompeji/**aus** Pompeji

Ü 78

Bilde bei den angeführten Städtenamen den passenden Fall!

1. Multos post dies (**nach Athen**; Athenae, -arum f) pervenimus.
2. Imperator victor (**nach Rom**; Roma, -ae f) exercitus duxit.
3. Marcus Aurelius (**in Vindobona**; Vindobona, -ae f) vixit.
4. Pericles multos annos prudenter (**in Athen**; Athenae, -arum f) regnavit.
5. Pythia sacerdos multis hominibus (**in Delphi**; Delphi, -orum m) oracula dedit.

Die Präpositionen

Was sind Präpositionen? Mit welchen Fällen stehen sie?

Präpositionen (Vorwörter) stehen vor einem Nomen und verlangen immer einen bestimmten Fall. Im Deutschen gibt es Präpositionen mit dem zweiten (z. B. wegen), dritten (z. B. mit) und vierten Fall (z. B. durch).

Im Lateinischen stehen alle Präpositionen mit dem **Akkusativ**.
Ausnahme: 7 Präpositionen stehen mit dem **Ablativ**,
2 manchmal mit dem **Akkusativ** und manchmal mit dem **Ablativ**!

Die **7 Präpositionen** mit dem **Ablativ** sind:

a, ab = von (weg)	**cum** = mit
e, ex = aus (heraus)	**prae** = vor
sine = ohne	**de** = von (herab), über
pro = für	

Eine **Sonderstellung** nehmen die 2 Präpositionen **in** und **sub** ein.
Bei ihnen musst du immer fragen: **WO?** oder **WOHIN?**

	+ Ablativ WO?	**+ Akkusativ WOHIN?**
in	in in templo = **im** Tempel (WO?) in Italia = **in** Italien (WO?)	in (hinein), nach in templum = **in den** Tempel (WOHIN?) in Italiam = **nach** Italien (WOHIN?)
sub	unter sub mensa = unter **dem** Tisch (WO?)	unter sub mensam = unter **den** Tisch (WOHIN?)

Ü 79 **Setze die richtigen Endungen ein und übersetze! Alle Wörter sollen im Singular stehen!**

ante templ**um**		de imperi	
pro de		ad amic (m)	
venimus ad templ		in nav (WOHIN?)	
de imperator		sub pont (WO?)	
in Itali (WOHIN?)		in nav (WO?)	
in flumin (WO?)		sine fratr	
ad tabul		pro soror	
ex Austri		ad soror	
apud for		in oppid (WO?)	
in templ (WOHIN?)		sumus in schol	
sine amic (f)		imus in schol	

Ü 80

Setze die richtigen Endungen ein und übersetze anschließend im Übungsheft!

1. Discipuli in Itali___ migrant.
2. In for___ Roman___ contendunt et templa vident.
3. Ante templ___ Saturni sunt et ornamenta pulchra vident.
4. Deinde ad basilic___ Iuli___ et in templ___ Iani contendunt.
5. Nunc in templ___ Iani sunt.
6. Clemens sororem Victoriam ante templ___ Saturni quaerit.
7. Deinde in for___ Roman___ contendit.
8. Victoria in templ___ Saturni non est.
9. In basilic___ Iuli___ soror non est.
10. E for___ in Aventin___ (WOHIN?), deinde in Quirinalem venit.

11. Quis sub pont___ est?
12. Pontem in tabul___ non videmus!
13. Discipuli e templ___ in basilic___ veniunt.
14. Magister cum discipul___ (Pl.) domum venit.

15. Nobis placet in Itali___ esse et in mar___ ludere.
16. Quam pulchra sunt monumenta in Itali___!
17. Sine amic___ a templ___ Saturni ad pont___ imus.
18. Magister nobis saepe de imperi___ Roman___ narrat.

Die Pronomina (= Fürwörter)

Man unterscheidet folgenden Pronomina:
Personalpronomina (sie stehen für eine Person),
Possessivpronomina (sie zeigen, wem etwas gehört),
Demonstrativpronomina (sie weisen auf eine Person oder Sache hin),
Relativpronomina (sie leiten einen Relativsatz/Attributsatz ein).
Alle Pronomina **deklinieren**.

Personalpronomina (= persönliche Fürwörter)

	1. Person/Sg.	**Deutsch**	**2. Person/Sg.**	**Deutsch**
1. Fall	ego	ich	tu	du
2. Fall	mei	meiner	tui	deiner
3. Fall	mihi	mir	tibi	dir
4. Fall	me	mich	te	dich
6. Fall	a me/mecum	von/mit mir	a te/tecum	von/mit dir

	1. Person/Pl.	**Deutsch**	**2. Person/Pl.**	**Deutsch**
1. Fall	nos	wir	vos	ihr
2. Fall	nostri/nostrum	unser	vestri/vestrum	euer
3. Fall	nobis	uns	vobis	euch
4. Fall	nos	uns	vos	euch
6. Fall	a nobis/nobiscum	von/mit uns	a vobis/vobiscum	von/mit euch

Oft **versteckt** sich **der erste Fall** des Personalpronomens im Lateinischen **im Prädikat**:

Ad forum contend**is**. → **Du** eilst zum Forum.
Gallos supera**tis**. → **Ihr** besiegt die Feinde.

Im ersten Fall steht das Personalpronomen im lateinischen Satz nur dann, wenn es **besonders betont** werden soll:

Nos omnia scimus, **vos** autem nihil scitis. → **Wir** wissen alles, **ihr** aber wisst nichts!

Ü 81

Übersetze im Übungsheft!

1. Video vos.
2. Amicus mecum in scholam venit.
3. Multi mihi auxilium ferunt.
4. Epistula mihi a te mittitur.
5. Mecum venitis.
6. Ego saepe ad basilicam contendo, vos autem ad villam itis!
7. Nos videtis ante domum nostram.
8. Servi nobis auxilio veniunt.

is, ea, id

Die **dritte Person** wird mit dem Pronomen **is, ea, id** ausgedrückt.
Dieses Pronomen gehört eigentlich zu den **Demonstrativpronomina**. Es wird mit **er, sie, es** oder mit **dieser, diese, dieses** übersetzt! Weil es aber oft das Pronomen für die dritte Person Singular und Plural ersetzt, wird es schon hier erwähnt.

	Singular			**Deutsch**		
	mask.	**fem.**	**neutr.**	**mask.**	**fem.**	**neutr.**
1. Fall	is	ea	id	er/dieser	sie/diese	es/dieses
2. Fall	eius	eius	eius	seiner/dieses	ihrer/dieser	seiner/dieses
3. Fall	ei	ei	ei	ihm/diesem	ihr/dieser	ihm/diesem
4. Fall	eum	eam	id	ihn/diesen	sie/diese	es/dieses
6. Fall	eo	ea	eo	(durch) ihn/diesen	(durch) sie/diese	(durch) es/dieses

	Plural			**Deutsch**
	mask.	**fem.**	**neutr.**	**mask./fem./neutr.**
1. Fall	ii	eae	ea	sie/diese
2. Fall	eorum	earum	eorum	ihrer/dieser
3. Fall	iis	iis	iis	ihnen/diesen
4. Fall	eos	eas	ea	sie/diese
6. Fall	iis	iis	iis	(durch) sie/diese

Ü 82

Ergänze das richtige Pronomen für die dritte Person und übersetze im Übungsheft! Frage genau nach dem Fall des Pronomens und achte auch auf die Wahl des richtigen Geschlechts!

Amici in foro sunt. Eos video.
Die Freunde sind auf dem Forum. Ich sehe sie. (= Ich sehe diese.)

1. Quintus in horto sedet. ________ video.
2. Amicae in scholam eunt. ________ video.
3. Asterix a Romanis non superabatur. In pictura ________ video.
4. Mater domum venit. Librum ________ do.
5. Omnes amici discere debent. Librum ________ do.

Ü 83

Stimme die Formen von is, ea, id mit dem Nomen überein und übersetze!

consilii **eius**	dieses Plans
finibus ________	________
obsidum ________	________
regis ________	________
amico ________	________
civitatem ________	________
hostes ________	________
urbium ________	________

Possessivpronomina (= besitzanzeigende Fürwörter)

Die Possessivpronomina deklinieren nach der A-/O-Deklination wie die Adjektiva dieser Gruppe! Die **Possessivpronomina der ersten und zweiten Person** werden wie Adjektiva der A-/O-Deklination behandelt.

1. Person Singular	meus 3	mein
2. Person Singular	tuus 3	dein
1. Person Plural	noster, -ra, -rum	unser
2. Person Plural	vester, -ra, -rum	euer

Ü 84

Übersetze!

1. Ich sehe deinen Vater. ____________________
2. Ad scholam nostram contendis. ____________________
3. In foro amicum meum tibi monstro. ____________________
4. Amicis vestris nucem do. (nux, nucis f = Nuss) ____________________
5. Video amicum tuum apud rostra. ____________________
6. Qui sunt amici vestri? ____________________

Das **Possessivpronomen für die dritte Person** ist etwas komplizierter.

gehört dem Subjekt des Satzes:

suus 3	Amicus patrem **suum** videt.	→	Der Freund sieht seinen Vater.
	Amici fratres **suos** amant.	→	Die Freunde lieben ihre Brüder.

gehört nicht dem Subjekt des Satzes:

eius	Amic**us** venit. Video **eius** patrem.	→	Der Freund kommt. Ich sehe dessen (= seinen) Vater.
	Amic**a** venit. Video **eius** matrem.	→	Die Freundin kommt. Ich sehe deren (= ihre) Mutter.
eorum/earum	Amic**i** veniunt. Video **eorum** fratres.	→	Die Freunde kommen. Ich sehe deren (= ihre) Brüder.
	Amic**ae** veniunt. Video **earum** matres.	→	Die Freundinnen kommen. Ich sehe deren (= ihre) Mütter.

Ü 85

Übersetze im Übungsheft!
Achte besonders darauf, ob die jeweilige Sache dem Subjekt desselben Satzes gehört oder nicht!

Amicus **noster** cum sorore **sua** in forum contendit. Ibi Felicem et matrem **eius** invenit.
Omnes in porticum Octaviae eunt et cum amicis **suis** conveniunt.
Unus ex amicis exclamat: „Videte amicos **eorum**que uxores et liberos!
Amamus amicos **nostros** et **eorum** familias!“

Ü 86

Übersetze!

1. Cornelia eiusque frater in scholam eunt.

   ____

2. Eae sunt amicae meae. Ii sunt earum fratres.

   ____

3. Frater meus domum it. Video eius amicum cum eo ire.

   ____

4. Amicae ad domum familiae meae veniunt. Fratres earum apud parentes manserunt.

   ____

Demonstrativpronomina (= hinweisende Fürwörter)

ille, illa, illud

	Singular			Deutsch		
	mask.	**fem.**	**neutr.**	**mask.**	**fem.**	**neutr.**
1. Fall	ille	illa	illud	jener	jene	jenes
2. Fall	illius	illius	illius	jenes	jener	jenes
3. Fall	illi	illi	illi	jenem	jener	jenem
4. Fall	illum	illam	illud	jenen	jene	jenes
6. Fall	illo	illa	illo	(durch) jenen/jene/jenes		

	Plural			Deutsch
	mask.	**fem.**	**neutr.**	**mask./fem./neutr.**
1. Fall	illi	illae	illa	jene
2. Fall	illorum	illarum	illorum	jener
3. Fall	illis	illis	illis	jenen
4. Fall	illos	illas	illa	jene
6. Fall	illis	illis	illis	(durch) jene

ipse, ipsa, ipsum

	Singular			Deutsch		
	mask.	**fem.**	**neutr.**	**mask.**	**fem.**	**neutr.**
1. Fall	ipse	ipsa	ipsum	er selbst	sie selbst	es selbst
2. Fall	ipsius	ipsius	ipsius	seiner selbst	ihrer selbst	seiner selbst
3. Fall	ipsi	ipsi	ipsi	ihm selbst	ihr selbst	ihm selbst
4. Fall	ipsum	ipsam	ipsum	ihn selbst	sie selbst	es selbst
6. Fall	ipso	ipsa	ipso	(durch) ihn/sie/es selbst		

	Plural			Deutsch
	mask.	**fem.**	**neutr.**	**mask./fem./neutr.**
1. Fall	ipsi	ipsae	ipsa	sie selbst
2. Fall	ipsorum	ipsarum	ipsorum	ihrer selbst
3. Fall	ipsis	ipsis	ipsis	ihnen selbst
4. Fall	ipsos	ipsas	ipsa	sie selbst
6. Fall	ipsis	ipsis	ipsis	(durch) sie selbst

Beachte bei den Pronomina **ille, illa, illud** und **ipse, ipsa, ipsum** wie auch bei **is, ea id**, dass im Prinzip immer die **Endungen der A-/O-Deklintaion** verwendet werden!

Ausnahme:
• Der **zweite und dritte Fall Singular** haben immer die Endung **-ius** bzw. **-i**!
• **is, ipse, id, illud**!

idem, eadem, idem

Dieses Pronomen kannst du ganz leicht deklinieren, wenn du die Formen von **is, ea, id** gut kennst! Es wird nämlich meistens ein **-dem** angehängt.

Achtung beim vierten Fall Singular und zweiten Fall Plural!

	Singular			**Deutsch**		
	mask.	**fem.**	**neutr.**	**mask.**	**fem.**	**neutr.**
1. Fall	idem	eadem	idem	derselbe	dieselbe	dasselbe
2. Fall	eiusdem	eiusdem	eiusdem	desselben	derselben	desselben
3. Fall	eidem	eidem	eidem	demselben	derselben	demselben
4. Fall	eu**n**dem	ea**n**dem	idem	denselben	dieselbe	dasselbe
6. Fall	eodem	eadem	eodem	(durch) denselben/dieselbe/dasselbe		

	Plural			**Deutsch**
	mask.	**fem.**	**neutr.**	**mask./fem./neutr.**
1. Fall	iidem	eaedem	eadem	dieselben
2. Fall	eoru**n**dem	earu**n**dem	eoru**n**dem	derselben
3. Fall	iisdem	iisdem	iisdem	denselben
4. Fall	eosdem	easdem	eadem	dieselben
6. Fall	iisdem	iisdem	iisdem	(durch) dieselben

hic, haec, hoc

	Singular			**Deutsch**		
	mask.	**fem.**	**neutr.**	**mask.**	**fem.**	**neutr.**
1. Fall	hic	haec	hoc	dieser	diese	dieses
2. Fall	huius	huius	huius	dieses	dieser	dieses
3. Fall	huic	huic	huic	diesem	dieser	diesem
4. Fall	hunc	hanc	hoc	diesen	diese	dieses
6. Fall	hoc	hac	hoc	(durch) diesen/diese/dieses		

	Plural			**Deutsch**
	mask.	**fem.**	**neutr.**	**mask./fem./neutr.**
1. Fall	hi	hae	haec	diese
2. Fall	horum	harum	horum	dieser
3. Fall	his	his	his	diesen
4. Fall	hos	has	haec	diese
6. Fall	his	his	his	(durch) diese

Ü 87

Welches Pronomen passt zu welchem Nomen? Ordne richtig zu und übersetze!

~~illum~~	imperatore	illum virum – jenen Mann
id	mulieres	
cum hoc	~~virum~~	
illae	oppidum	
illorum	puero	
eundem	fabulam	
idem	sororum	
eos	amicis	
hanc	hostem	
earum	senator	
cum iisdem	Romanorum	
huic	equos	

Ü 88

Übersetze im Übungsheft!

1. Caesar ipse in Galliam venit.
2. Quis hunc virum non videt? Hic vir sapiens est!
3. Omnes Galli contra eundem hostem pugnaverunt.
4. Caesar cum Vercingetorige ipso de pace non egit.
5. Multi homines easdem res amant.
6. Tantalus in Tartarum missus est. Ille multas poenas persolvere debuit.
7. Imperator Romanus omnes naves amisit et ipse occisus est.
8. Circe Graecos in bestias mutavit. Ulixem ipsum non mutavit.

Ü 89

Ordne folgende Pronomina ihren Fällen nach in die Tabelle ein!
Schreibe in Klammer das jeweilige Geschlecht dazu!

haec (Sg.) | huius | illam | eos | hunc | ipso | eundem | haec (Pl.) | hi | illum | hac | eius | ipsi (Sg.) | earundem | huic | illorum | illius | ipsorum | illas

	Nominativ	Genitiv	Dativ	Akkusativ	Ablativ
Singular					
Plural					

Ü 90 **Ordne die lateinischen Formen richtig den deutschen Übersetzungen zu!**

1. eos hostes	diesen Beamten
2. ei hosti	mit jenen Waffen
3. eam amicam	diese Waffen
4. eo cultu	dieser Freundinnen
5. haec arma	unser Volk
6. iis magistratibus	unsere Völker
7. populus noster	diese Feinde
8. illis armis	durch diese Lebensweise
9. eorum obsidum	unseres Volkes
10. is magistratus	diese Freundin
11. populos nostros	diese Geiseln
12. ea arma	diesem Feind
13. earum amicarum	dieser Geiseln
14. populi nostri	diese Waffen
15. eos obsides	dieser Beamte

Relativpronomina (= bezügliche Fürwörter)

Das **Relativpronomen** verbindet einen **Relativsatz (Attributsatz)** mit einem übergeordneten Satz.
Der **Hund, den** du dort siehst, ist ganz zahm.
Welcher Hund? Der, den du dort siehst.

Der Relativsatz beschreibt Eigenschaften des Hundes; grammatikalisch ist er von „Hund" **abhängig**. Das Relativpronomen steht daher im selben **Geschlecht** und derselben **Zahl** wie das Beziehungswort. Den **Fall** erhält das Pronomen, indem man aus dem Relativsatz die Frage stellt: **Wen** siehst du? – **den** Hund (Akkusativ)

	Singular			**Deutsch**		
	mask.	**fem.**	**neutr.**	**mask.**	**fem.**	**neutr.**
1. Fall	qui	quae	quod	der	die	das
2. Fall	cuius	cuius	cuius	dessen	deren	dessen
3. Fall	cui	cui	cui	dem	der	dem
4. Fall	quem	quam	quod	den	die	das
6. Fall	quo	qua	quo	durch den/die/das		

	Plural			**Deutsch**
	mask.	**fem.**	**neutr.**	**mask./fem./neutr.**
1. Fall	qui	quae	quae	die
2. Fall	quorum	quarum	quorum	deren
3. Fall	quibus	quibus	quibus	denen
4. Fall	quos	quas	quae	die
6. Fall	quibus	quibus	quibus	durch die

Beim Übersetzen musst du das **Geschlecht des Relativpronomens** nach dem **Geschlecht des deutschen Wortes** ausrichten!

oppidum, **quod** vides: oppidum im Lateinischen **neutrum** → daher Relativpronomen **quod**
die Stadt, **die** du siehst: Stadt im Deutschen **feminin** → daher Relativpronomen **die**

Ü 91

Übersetze im Übungsheft:

1. Vir, quem vides, pater meus est.
2. Corinna, quae mater Publii est, in templum venit.
3. Amica mea, cui librum novum dabam, nunc omnia scit.
4. Theseus, quem in pictura videtis, heros magnus fuit.
   (heros, -ois m = Held)
5. Galli, de quibus multa audivimus, invicti fuerunt.
6. Paulus amicus meus est, cum quo iter in Italiam facere in animo habeo.
7. Publium, cuius clamorem auditis, non videmus.
   (clamor, -oris m = Geschrei)
8. Aedificia, quae ad forum pertinent, magna sunt.
   (aedificium, -i n = Gebäude)
9. Rex, qui laborem videt, servum interdum reprehendit.
   (labor, -oris m = Arbeit)
10. Videtis pueros, qui nonnullas capras custodiunt.
    (capra, -ae f = Ziege, nonnulli = einige)

Ü 92

Ergänze die richtige Form des Relativpronomens! Gehe dabei folgendermaßen vor:
Übersetze zuerst den Satz und finde dabei das richtige deutsche Relativpronomen.
Bestimme Zahl, Fall und Geschlecht!
Setze dann die richtige lateinische Form ein!

Liberi, **qui** libenter de Gallis fortibus legunt, Asterigem et Obeligem amant.
Die Kinder, **die** gerne über die tapferen Gallier lesen, mögen Asterix und Obelix.

- Deutsches Relativpronomen: **die = 1. Fall Plural, maskulin**
- Worauf bezieht sich das Relativpronomen? auf **Kinder**
- Geschlecht muss im Lateinischen **maskulin** sein.
- Lösung: **qui**

1. Milites, _____ imperator multa praemia dat, fortius pugnant.
2. Hostes vires maximas, _____ milites sibi paraverant, maxime timuerunt.
3. Bella, _____ Galli contra Romanos gesserunt, crudelia fuerunt.
4. C. Iulius Caesar, _____ milites fortiter pugnaverunt, fortissimus imperator fuit.
5. Imperatores Romani druidas, _____ maximae vires magicae fuerunt, timuerunt.
6. Minotaurus labyrinthum, ex _____ Ariadna Theseum servavit, relinquere non potuit.
7. Milites Romani Gallos armis, _____ a fabris acceperunt, superare non potuerunt.
   (faber, -ri m = Handwerker)
8. Gallia terra pulchra est, in _____ vicus Gallorum fortissimorum est.

Die Konjugation

Was heißt Konjugation?

Unter **Konjugation** versteht man die Abwandlung von Verba (Zeitwörtern)! Diese werden **aktiv** und **passiv** in verschiedene **Personen und Zeiten** gesetzt.

Erinnere dich an die Abwandlung von Wörtern wie zum Beispiel „loben“ im Deutschen:
ich lobe, du lobst ... (Präsens aktiv)
ich werde gelobt, du wirst gelobt ... (Präsens passiv)
ich lobte, du lobtest ... (Imperfekt aktiv)
ich wurde gelobt, du wurdest gelobt ... (Imperfekt passiv) usw.

Was heißt Aktiv und Passiv?

Ein **aktives Verb** zeigt, was eine Person **tut**:
ich lobe, ich schiebe ...
Ein **passives Verb** zeigt, was mit einer Person oder Sache **geschieht**:
ich werde gelobt, ich werde geschoben ...

Bildung der Zeiten

Bei der Konjugation der Verba sind immer die **Stämme** und **Endungen** von entscheidender Bedeutung: **Stamm + Zeitsignal + Endung**

Welche Stämme gibt es?

Es gibt den **Präsensstamm**, den **Perfektstamm aktiv** und das **PPP**.
Wie bei den Nomina gehört jedes lateinische Verb zu einer Klasse, in diesem Fall zu einer **Konjugationsklasse**!

Woher weiß ich, zu welcher Konjugationsklasse ein Verb gehört?

Dazu musst du immer auf die **erste Person Singular Präsens** und den **Infinitiv** achten!

	1. Person Sg.	**Infinitiv Präsens**	**Beispiel**
a-Konjugation	-o	-are	supero/superare
e-Konjugation	-eo	-ere	moneo/monere
i-Konjugation	-io	-ire	audio/audire
Konsonantische Konjugation	-o	-ere	mitto/mittere
Mischkonjugation	-io	-ere	capio/capere

Ü 93 **Ordne folgende Verba der jeweiligen Konjugationsklasse zu!**

specto, spectare ______________________

moneo, monere ______________________

lego, legere ______________________

facio, facere ______________________

desilio, desilire ______________________

incendo, incendere ______________________

fugio, fugere ______________________

supero, superare ______________________

Die Stammformen

Damit du alle Zeiten bilden und erkennen kannst, benötigst du **immer** das vollständige Verbzitat. Jedes Verb wird mit seinen **Stammformen** (= 1. Person Präsens, 2. Person Präsens, Infinitiv Präsens, 1. Person Perfekt aktiv und PPP) angegeben.

supero, -as, -are	**superavi**	**superatum**
1. + 2. Pers. Sg. Präsens aktiv, Infinitiv Präsens aktiv	1. Pers. Perfekt Sg. aktiv,	Partizip Perfekt Passiv (= PPP)
↓	↓	↓
Präsens **Imperfekt** **Futur**	**Perfekt aktiv** **Plusquamperfekt aktiv** **Futur II (Futur exakt) aktiv**	**Perfekt passiv** **Plusquamperfekt passiv** **Futur II (Futur exakt) passiv**

a-Konjugation: laud**o**, -**as**, -**a**re, laudavi, laudatum
e-Konjugation: mon**e**o, -**es**, -**e**re, monui, monitum
i-Konjugation: aud**i**o, -**is**, -**i**re, audivi, auditum
Konsonantische Konjugation: mitto, -**is**, -**e**re, misi, missum
Mischkonjugation: cap**i**o, -**is**, -**e**re, cepi, captum

Perfektstämme der **a-Konjugation** enden meist auf **-vi**.
Perfektstämme der **e-Konjugation** enden meist auf **-ui**.
Perfektstämme der **i-Konjugation** enden meist auf **-vi**.

Die Perfektstämme der **konsonantischen Konjugation** und der **Mischkonjugation** musst du dir genau merken!

Ü 94

Übung zu den Stammformen:
Die Tabelle ist durcheinander geraten! Bring das Chaos wieder in Ordnung, indem du die richtigen Zahlen in die jeweiligen Spalten schreibst!

1 supero	-is, -ire	cepi	iussum
2 occido	-is, -ere	prohibui	captum
3 relinquo	-is, -ire	1 superavi	dictum
4 intellego	-is, -ere	contendi	ductum
5 capio	-is, -ere	appellavi	prohibitum
6 desilio	-is, -ere	occidi	auditum
7 appello	-is, -ere	duxi	spectatum
8 prohibeo	1 -as, -are	dixi	relictum
9 contendo	-es, -ere	audivi	(kein PPP)
10 ago	-es, -ere	desilui	actum
11 duco	-is, -ere	intellexi	appellatum
12 dico	-as, -are	reliqui	1 superatum
13 iubeo	-as, -are	spectavi	occisum
14 audio	-is, -ere	egi	contentum
15 specto	-is, -ere	iussi	intellectum

Ü 95

Finde die passenden Stammformen!
Schreibe sie in die freien Zeilen und ergänze die fehlenden Formen!
Achte auf die richtige Reihenfolge!

superas doces superare venio venis
dicere veni dixi doceo
venire superatum dictum legi superavi
lectum docui legere doctum
dicis supero
lego ventum dico legis
docere

1. ____________________
2. ____________________
3. ____________________
4. ____________________
5. ____________________

Wie viele Personen gibt es im Lateinischen und wie erkenne ich sie?

Du erkennst die Personen an den **Endungen**, die an die entsprechenden Stämme angehängt werden.

	Endung im Aktiv	Endung im Passiv
1. Person Singular (ich)	**-o/-m**	**-r**
2. Person Singular (du)	**-s**	**-ris**
3. Person Singular (er, sie, es)	**-t**	**-tur**
1. Person Plural (wir)	**-mus**	**-mur**
2. Person Plural (ihr)	**-tis**	**-mini**
3. Person Plural (sie)	**-nt**	**-ntur**

Zeiten des Präsensstammes

Aktiv

Die **Mischkonjugation** sieht genauso aus wie die **i-Konjugation**!

Ausnahme:
Infinitiv Präsens auf **-ere** und **Imperativ** wie bei der **konsonantische Konjugation**.

Präsens aktiv: Präsensstamm + Endung

	a-Konjugation	e-Konjugation
1. Person Sg.	laud-**o** (ich lobe)	mone-**o** (ich ermahne)
2. Person Sg.	lauda-**s** (du lobst)	mone-**s** (du ermahnst)
3. Person Sg.	lauda-**t** (er, sie, es lobt)	mone-**t** (er, sie, es ermahnt)
1. Person Pl.	lauda-**mus** (wir loben)	mone-**mus** (wir ermahnen)
2. Person Pl.	lauda-**tis** (ihr lobt)	mone-**tis** (ihr ermahnt)
3. Person Pl.	lauda-**nt** (sie loben)	mone-**nt** (sie ermahnen)

	i-Konjugation	Konsonantische Konjugation
1. Person Sg.	audi-**o** (ich höre)	mitt-**o** (ich schicke)
2. Person Sg.	audi-**s** (du hörst)	mitt-**i-s** (du schickst)
3. Person Sg.	audi-**t** (er, sie, es hört)	mitt-**i-t** (er, sie, es schickt)
1. Person Pl.	audi-**mus** (wir hören)	mitt-**i-mus** (wir schicken)
2. Person Pl.	audi-**tis** (ihr hört)	mitt-**i-tis** (ihr schickt)
3. Person Pl.	audi-**u-nt** (sie hören)	mitt-**u-nt** (sie schicken)

Hat die **1. Person Singular** ein **-i-** (z. B. audio),
dann hat auch die **3. Person Plural** ein **-i-** (z. B. audiunt)!

Imperfekt aktiv: Präsensstamm + -ba- + Endung

	a-Konjugation	e-Konjugation
1. Person Sg.	lauda-**bam** (ich lobte)	mone-**bam** (ich ermahnte)
2. Person Sg.	lauda-**bas** (du lobtest)	mone-**bas** (du ermahntest)
3. Person Sg.	lauda-**bat** (er, sie, es lobte)	mone-**bat** (er, sie, es ermahnte)
1. Person Pl.	lauda-**bamus** (wir lobten)	mone-**bamus** (wir ermahnten)
2. Person Pl.	lauda-**batis** (ihr lobtet)	mone-**batis** (ihr ermahntet)
3. Person Pl.	lauda-**bant** (sie lobten)	mone-**bant** (sie ermahnten)

	i-Konjugation	Konsonantische Konjugation
1. Person Sg.	audi-**e-bam** (ich hörte)	mitt-**e-bam** (ich schickte)
2. Person Sg.	audi-**e-bas** (du hörtest)	mitt-**e-bas** (du schicktest)
3. Person Sg.	audi-**e-bat** (er, sie, es hörte)	mitt-**e-bat** (er, sie, es schickte)
1. Person Pl.	audi-**e-bamus** (wir hörten)	mitt-**e-bamus** (wir schickten)
2. Person Pl.	audi-**e-batis** (ihr hörtet)	mitt-**e-batis** (ihr schicktet)
3. Person Pl.	audi-**e-bant** (sie hörten)	mitt-**e-bant** (sie schickten)

Futur aktiv für a- und e-Konjugation: Präsensstamm + -bo, -bi- + Endung

	a-Konjugation	e-Konjugation
1. Person Sg.	lauda-**bo** (ich werde loben)	mone-**bo** (ich werde ermahnen)
2. Person Sg.	lauda-**bis** (du wirst loben)	mone-**bis** (du wirst ermahnen)
3. Person Sg.	lauda-**bit** (er, sie es wird loben)	mone-**bit** (er, sie, es wird ermahnen)
1. Person Pl.	lauda-**bimus** (wir werden loben)	mone-**bimus** (wir werden ermahnen)
2. Person Pl.	lauda-**bitis** (ihr werdet loben)	mone-**bitis** (ihr werdet ermahnen)
3. Person Pl.	lauda-**bunt** (sie werden loben)	mone-**bunt** (sie werden ermahnen)

Futur aktiv für alle anderen Konjugationsklassen: Präsensstamm + -a-, -e- + Endung

	i-Konjugation	Konsonantische Konjugation
1. Person Sg.	audi-**am** (ich werde hören)	mitt-**am** (ich werde schicken)
2. Person Sg.	audi-**es** (du wirst hören)	mitt-**es** (du wirst schicken)
3. Person Sg.	audi-**et** (er, sie, es wird hören)	mitt-**et** (er, sie, es wird schicken)
1. Person Pl.	audi-**emus** (wir werden hören)	mitt-**emus** (wir werden schicken)
2. Person Pl.	audi-**etis** (ihr werdet hören)	mitt-**etis** (ihr werdet schicken)
3. Person Pl.	audi-**ent** (sie werden hören)	mitt-**ent** (sie werden schicken)

Passiv

Präsens passiv: Präsensstamm + Endung

	a-Konjugation	e-Konjugation
1. Person Sg.	laud-**or** (ich werde gelobt)	mone-**or** (ich werde ermahnt)
2. Person Sg.	lauda-**ris** (du wirst gelobt)	mone-**ris** (du wirst ermahnt)
3. Person Sg.	lauda-**tur** (er, sie, es wird gelobt)	mone-**tur** (er, sie, es wird ermahnt)
1. Person Pl.	lauda-**mur** (wir werden gelobt)	mone-**mur** (wir werden ermahnt)
2. Person Pl.	lauda-**mini** (ihr werdet gelobt)	mone-**mini** (ihr werdet ermahnt)
3. Person Pl.	lauda-**ntur** (sie werden gelobt)	mone-**ntur** (sie werden ermahnt)

	i-Konjugation	Konsonantische Konjugation
1. Person Sg.	audi-**or** (ich werde gehört)	mitt-**or** (ich werde geschickt)
2. Person Sg.	audi-**ris** (du wirst gehört)	mitt-**e-ris** (du wirst geschickt)
3. Person Sg.	audi-**tur** (er, sie, es wird gehört)	mitt-**i-tur** (er, sie, es wird geschickt)
1. Person Pl.	audi-**mur** (wir werden gehört)	mitt-**i-mur** (wir werden geschickt)
2. Person Pl.	audi-**mini** (ihr werdet gehört)	mitt-**i-mini** (ihr werdet geschickt)
3. Person Pl.	audi-**u-ntur** (sie werden gehört)	mitt-**u-ntur** (sie werden geschickt)

Imperfekt passiv: Präsensstamm + -ba- + Endung

	a-Konjugation	e-Konjugation
1. Person Sg.	lauda-**bar** (ich wurde gelobt)	mone-**bar** (ich wurde ermahnt)
2. Person Sg.	lauda-**baris** (du wurdest gelobt)	mone-**baris** (du wurdest ermahnt)
3. Person Sg.	lauda-**batur** (er, sie, es wurde gelobt)	mone-**batur** (er, sie, es wurde ermahnt)
1. Person Pl.	lauda-**bamur** (wir wurden gelobt)	mone-**bamur** (wir wurden ermahnt)
2. Person Pl.	lauda-**bamini** (ihr wurdet gelobt)	mone-**bamini** (ihr wurdet ermahnt)
3. Person Pl.	lauda-**bantur** (sie wurden gelobt)	mone-**bantur** (sie wurden ermahnt)

	i-Konjugation	Konsonantische Konjugation
1. Person Sg.	audi-**e-bar** (ich wurde gehört)	mitt-**e-bar** (ich wurde geschickt)
2. Person Sg.	audi-**e-baris** (du wurdest gehört)	mitt-**e-baris** (du wurdest geschickt)
3. Person Sg.	audi-**e-batur** (er, sie, es wurde gehört)	mitt-**e-batur** (er, sie, es wurde geschickt)
1. Person Pl.	audi-**e-bamur** (wir wurden gehört)	mitt-**e-bamur** (wir wurden geschickt)
2. Person Pl.	audi-**e-bamini** (ihr wurdet gehört)	mitt-**e-bamini** (ihr wurdet geschickt)
3. Person Pl.	audi-**e-bantur** (sie wurden gehört)	mitt-**e-bantur** (sie wurden geschickt)

Futur passiv für a- und e-Konjugation: Präsensstamm + -bo, -bi- + Endung
(Achte auf die zweite Person Singular: -beris!)

	a-Konjugation	e-Konjugation
1. Person Sg.	lauda-**bor** (ich werde gelobt werden)	mone-**bor** (ich werde ermahnt werden)
2. Person Sg.	lauda-**beris** (du wirst gelobt werden)	mone-**beris** (du wirst ermahnt werden)
3. Person Sg.	lauda-**bitur** (...)	mone-**bitur** (...)
1. Person Pl.	lauda-**bimur** (...)	mone-**bimur** (...)
2. Person Pl.	lauda-**bimini** (...)	mone-**bimini** (...)
3. Person Pl.	lauda-**buntur** (...)	mone-**buntur** (...)

Futur passiv für alle anderen Konjugationsklassen: Präsensstamm + -a-, -e- + Endung

	i-Konjugation	Konsonantische Konjugation
1. Person Sg.	audi-**ar** (ich werde gehört werden)	mitt-**ar** (ich werde geschickt werden)
2. Person Sg.	audi-**eris** (du wirst gehört werden)	mitt-**eris** (du wirst geschickt werden)
3. Person Sg.	audi-**etur** (...)	mitt-**etur** (...)
1. Person Pl.	audi-**emur** (...)	mitt-**emur** (...)
2. Person Pl.	audi-**emini** (...)	mitt-**emini** (...)
3. Person Pl.	audi-**entur** (...)	mitt-**entur** (...)

Imperativ

Der Imperativ (= Befehlsform) drückt einen Befehl aus.

	Befehl an die 2. Person Sg.	Befehl an die 2. Person Pl.
a-Konjugation	laud**a**! (lobe!)	laud**ate**! (lobt!)
e-Konjugation	mon**e**! (ermahne!)	mon**ete**! (ermahnt!)
i-Konjugation	aud**i**! (höre!)	aud**ite**! (hört!)
Konsonantische Konjugation	mitt**e**! (schicke!)	mitt**ite**! (schickt!)
Mischkunjugation	cap**e**! (fasse!)	cap**ite**! (fasst!)

Der **Imperativ Singular** ist meist **ohne Endung** (entspricht dem Präsensstamm des Verbs), der **Imperativ Plural** hat die Endung **-te**.

Ausnahme:
Die **konsonantische Konjugation** und die **Mischkonjugation** haben beim Imperativ Singular die Endung **-e**, im Plural **-ite**.

Infinitiv Präsens

Der **Infinitiv** entspricht im Deutschen der Nennform.

Aktiv	Passiv
Präsensstamm + **-re**	Präsensstamm + **-ri**/**-i**
lauda-**re** = (zu) loben	lauda-**ri** = gelobt (zu) werden
mone-**re** = (zu) ermahnen	mone-**ri** = ermahnt (zu) werden
audi-**re** = (zu) hören	audi-**ri** = gehört (zu) werden
mitt-e-**re** = (zu) schicken	mitt-**i** = geschickt (zu) werden

Ü 96 **Übersetze folgende Verba!**

spectabis	du wirst sehen	cogit	
spectabas		coget	
spectas		cogebat	
ducebam		cogebatur	
ducebar		veniebamus	
duco		veniemus	

Ü 97 **Und jetzt in die andere Richtung!**
Bestimme die Formen folgender deutscher Verba und übersetze sie dann ins Lateinische!

ich sehe	1. Person Singular Präsens aktiv – video
ich werde schicken	
du wirst geschickt werden	
wir ermahnen	
du kämpftest	
wir werden besiegen	

Ü 98

Setze jeweils in die andere Zahl und übersetze die von dir gebildete Form!

debeo	debemus – wir müssen
damus	
superas	
mittit	
legunt	
facis	
vident	
cadis	
cadimus	

Ü 99

Aus Aktiv wird Passiv, aus Passiv wird Aktiv!
Bleibe immer in derselben Zeit und Person!
Übersetze beide Formen ins Deutsche!

Aktiv		**Passiv**	
pulsabamus	wir schlugen	pulsabamur	wir wurden geschlagen
		cogimur	
relinquent			
recusabis			
		excitaberis	
iacies			
		occupatur	
		poneris	
superabatis			

Ü 100

Ergänze folgende Tabelle, indem du die geforderten Zeiten in der entsprechenden Person bildest!

Präsens	**Imperfekt**	**Futur**
fugis	fugiebas	fugies
	agebatis	
		cogemini
audiunt		
	petebar	
		habebitis

Ü 101 Übersetze folgende Verba!

wir sehen		ihr sagt	
ihr hört		sie sagen	
	pugnamus	ich führe	
sie kämpfen		sie führen	
wir eilen			ducitis
sie eilen			videtis
	dicimus	du siehst	

Ü 102 Richtig oder falsch? Kreuze an!

	Richtig	Falsch
1. „Du wirst kommen", heißt lateinisch **veniebas**.		
2. Mit dem **Präsensstamm** werden folgende Zeiten gebildet: Präsens, Futur, Imperfekt.		
3. Der **Stamm** wird immer nach dem ersten Vokal benannt.		
4. Es gibt sechs verschiedene **Konjugationsklassen** im Lateinischen.		
5. **mittar** heißt: „Ich werde geschickt werden."		

Zeiten des Perfektstammes

Aktiv

Nur für das **Perfekt aktiv** hat das Lateinische **eigene Endungen**!
Diese musst du dir gut merken!

	Endung im Perfekt
1. Person Singular (ich)	**-i**
2. Person Singular (du)	**-isti**
3. Person Singular (er, sie, es)	**-it**
1. Person Plural (wir)	**-imus**
2. Person Plural (ihr)	**-istis**
3. Person Plural (sie)	**-erunt**

Perfekt aktiv: Perfektstamm + Perfektendung

	a-Konjugation	e-Konjugation
1. Person Sg.	laudav-**i** (ich habe gelobt)	monu-**i** (ich habe ermahnt)
2. Person Sg.	laudav-**isti** (du hast gelobt)	monu-**isti** (du hast ermahnt)
3. Person Sg.	laudav-**it** (er, sie, es hat gelobt)	monu-**it** (er, sie, es hat ermahnt)
1. Person Pl.	laudav-**imus** (wir haben gelobt)	monu-**imus** (wir haben ermahnt)
2. Person Pl.	laudav-**istis** (ihr habt gelobt)	monu-**istis** (ihr habt ermahnt)
3. Person Pl.	laudav-**erunt** (sie haben gelobt)	monu-**erunt** (sie haben ermahnt)

	i-Konjugation	Konsonantische Konjugation
1. Person Sg.	audiv-**i** (ich habe gehört)	mis-**i** (ich habe geschickt)
2. Person Sg.	audiv-**isti** (du hast gehört)	mis-**isti** (du hast geschickt)
3. Person Sg.	audiv-**it** (er, sie, es hat gehört)	mis-**it** (er, sie, es hat geschickt)
1. Person Pl.	audiv-**imus** (wir haben gehört)	mis-**imus** (wir haben geschickt)
2. Person Pl.	audiv-**istis** (ihr habt gehört)	mis-**istis** (ihr habt geschickt)
3. Person Pl.	audiv-**erunt** (sie haben gehört)	mis-**erunt** (sie haben geschickt)

Plusquamperfekt aktiv: Perfektstamm + -eram, -eras, -erat, -eramus, -eratis, -erant

	a-Konjugation	e-Konjugation
1. Person Sg.	laudav-**eram** (ich hatte gelobt)	monu-**eram** (ich hatte ermahnt)
2. Person Sg.	laudav-**eras** (du hattest gelobt)	monu-**eras** (du hattest ermahnt)
3. Person Sg.	laudav-**erat** (er, sie, es hatte gelobt)	monu-**erat** (er, sie, es hatte ermahnt)
1. Person Pl.	laudav-**eramus** (wir hatten gelobt)	monu-**eramus** (wir hatten ermahnt)
2. Person Pl.	laudav-**eratis** (ihr hattet gelobt)	monu-**eratis** (ihr hattet ermahnt)
3. Person Pl.	laudav-**erant** (sie hatten gelobt)	monu-**erant** (sie hatten ermahnt)

	i-Konjugation	Konsonantische Konjugation
1. Person Sg.	audiv-**eram** (ich hatte gehört)	mis-**eram** (ich hatte geschickt)
2. Person Sg.	audiv-**eras** (du hattest gehört)	mis-**eras** (du hattest geschickt)
3. Person Sg.	audiv-**erat** (er, sie, es hatte gehört)	mis-**erat** (er, sie, es hatte geschickt)
1. Person Pl.	audiv-**eramus** (wir hatten gehört)	mis-**eramus** (wir hatten geschickt)
2. Person Pl.	audiv-**eratis** (ihr hattet gehört)	mis-**eratis** (ihr hattet geschickt)
3. Person Pl.	audiv-**erant** (sie hatten gehört)	mis-**erant** (sie hatten geschickt)

Futur exakt aktiv: Perfektstamm + -ero, -eris, -erit, -erimus, -eritis, -erint

	a-Konjugation	e-Konjugation
1. Person Sg.	laudav-**ero** (ich werde gelobt haben)	monu-**ero** (ich werde ermahnt haben)
2. Person Sg.	laudav-**eris** (du wirst gelobt haben)	monu-**eris** (du wirst ermahnt haben)
3. Person Sg.	laudav-**erit** (...)	monu-**erit** (...)
1. Person Pl.	laudav-**erimus** (...)	monu-**erimus** (...)
2. Person Pl.	laudav-**eritis** (...)	monu-**eritis** (...)
3. Person Pl.	laudav-**erint** (...)	monu-**erint** (...)

	i-Konjugation	Konsonantische Konjugation
1. Person Sg.	audiv-**ero** (ich werde gehört haben)	mis-**ero** (ich werde geschickt haben)
2. Person Sg.	audiv-**eris** (du wirst gehört haben)	mis-**eris** (du wirst geschickt haben)
3. Person Sg.	audiv-**erit** (...)	mis-**erit** (...)
1. Person Pl.	audiv-**erimus** (...)	mis-**erimus** (...)
2. Person Pl.	audiv-**eritis** (...)	mis-**eritis** (...)
3. Person Pl.	audiv-**erint** (...)	mis-**erint** (...)

Passiv

Alle passiven Formen des Perfekts, Plusquamperfekts und Futur exakts bestehen immer aus zwei Wörtern: dem **PPP +** einer Form von **„esse"**!

Das PPP wird immer wie ein Adjektiv der A-/O-Deklination **mit dem Subjekt übereinstimmt**.

Claudi**a** laudat**a** est.
Milit**es** laudat**i** sunt.

Dieses Prinzip der Zeitenbildung ist ähnlich dem Deutschen, wo allerdings „worden" ergänzt wird:

Cornelia **ist gelobt worden**.

Perfekt passiv: **PPP + sum, es, est, sumus, estis, sunt**

	a-Konjugation	e-Konjugation
1. Person Sg.	laudatus sum (ich bin gelobt worden)	monitus sum (ich bin ermahnt worden)
2. Person Sg.	laudatus es (du bist gelobt worden)	monitus es (du bist ermahnt worden)
3. Person Sg.	laudatus est (...)	monitus est (...)
1. Person Pl.	laudati sumus (...)	moniti sumus (...)
2. Person Pl.	laudati estis (...)	moniti estis (...)
3. Person Pl.	laudati sunt (...)	moniti sunt (...)

	i-Konjugation	Konsonantische Konjugation
1. Person Sg.	auditus sum (ich bin gehört worden)	missus sum (ich bin geschickt worden)
2. Person Sg.	auditus es (du bist gehört worden)	missus es (du bist geschickt worden)
3. Person Sg.	auditus est (...)	missus est (...)
1. Person Pl.	auditi sumus (...)	missi sumus (...)
2. Person Pl.	auditi estis (...)	missi estis (...)
3. Person Pl.	auditi sunt (...)	missi sunt (...)

Plusquamperfekt passiv: **PPP + eram, eras, erat, eramus, eratis, erant**

	a-Konjugation	e-Konjugation
1. Person Sg.	laudatus eram (ich war gelobt worden)	monitus eram (ich war ermahnt worden)
2. Person Sg.	laudatus eras (du warst gelobt worden)	monitus eras (du warst ermahnt worden)
3. Person Sg.	laudatus erat (...)	monitus erat (...)
1. Person Pl.	laudati eramus (...)	moniti eramus (...)
2. Person Pl.	laudati eratis (...)	moniti eratis (...)
3. Person Pl.	laudati erant (...)	moniti erant (...)

	i-Konjugation	Konsonantische Konjugation
1. Person Sg.	auditus eram (ich war gehört worden)	missus eram (ich war geschickt worden)
2. Person Sg.	auditus eras (du warst gehört worden)	missus eras (du warst geschickt worden)
3. Person Sg.	auditus erat (...)	missus erat (...)
1. Person Pl.	auditi eramus (...)	missi eramus (...)
2. Person Pl.	auditi eratis (...)	missi eratis (...)
3. Person Pl.	auditi erant (...)	missi erant (...)

Futur exakt passiv: **PPP + ero, eris, erit, erimus, eritis, erunt**

	a-Konjugation	e-Konjugation
1. Person Sg.	laudatus ero (ich werde gelobt worden sein)	monitus ero (ich werde ermahnt worden sein)
2. Person Sg.	laudatus eris (du wirst gelobt worden sein)	monitus eris (du wirst ermahnt worden sein)
3. Person Sg.	laudatus erit (er, sie, es wird gelobt worden sein)	monitus erit (er, sie, es wird ermahnt worden sein)
1. Person Pl.	laudati erimus (...)	moniti erimus (...)
2. Person Pl.	laudati eritis (...)	moniti eritis (...)
3. Person Pl.	laudati erunt (...)	moniti erunt (...)

	i-Konjugation	Konsonantische Konjugation
1. Person Sg.	auditus ero (ich werde gehört worden sein)	missus ero (ich werde geschickt worden sein)
2. Person Sg.	auditus eris (du wirst gehört worden sein)	missus eris (du wirst geschickt worden sein)
3. Person Sg.	auditus erit (er, sie, es wird gehört worden sein)	missus erit (er, sie, es wird geschickt worden sein)
1. Person Pl.	auditi erimus (...)	missi erimus (...)
2. Person Pl.	auditi eritis (...)	missi eritis (...)
3. Person Pl.	auditi erunt (...)	missi erunt (...)

Infinitiv Perfekt

Aktiv	Passiv
Perfektstamm + **-isse**	PPP + **esse**
laudav-**isse** = gelobt (zu) haben	lauda**tus esse** = gelobt worden (zu) sein
monu-**isse** = ermahnt (zu) haben	moni**tus esse** = ermahnt worden (zu) sein
audiv-**isse** = gehört (zu) haben	audi**tus esse** = gehört worden (zu) sein
mis-**isse** = geschickt (zu) haben	miss**us esse** = geschickt worden (zu) sein

Ü 103 **Setze die folgenden Verba in der angegebenen Person in alle Zeiten!**

Reihenfolge:
Präsens (angegeben) / Futur / Imperfekt / Perfekt / Plusquamperfekt / Futur exakt

docemus docebimus / docebamus / docuimus / docueramus / docuerimus
facit ______
superas ______
legitis ______
monemini ______
mittuntur ______
puto ______
iubetis ______

Ü 104

Setze folgende Verba in ihre entsprechende Form des aktiven Perfekt!
Achte dabei besonders auf die Stammformen, die dir den richtigen Perfektstamm verraten!
Übersetze die Perfektform!

circumvenitis ______
desilio ______
capitis ______
timent ______
relinquit ______
das ______
dant ______

Ü 105

Alle Verba sollen pro Zeile in derselben Person, Zahl und Aktionsart (aktiv/passiv) aber in verschiedenen Zeiten stehen. Leider haben sich dabei einige Fehler eingeschlichen! Streiche die Verba, die nicht in die jeweilige Zeile passen, und begründe deine Entscheidung!

docemus – docebimus – ~~docebamur~~ – docuimus nicht Aktiv
das – dedistis – dabis – dabas ______
relinquemini – relinquimini – relicti estis – relicti sunt ______
exspectabor – exspectatae sumus – exspector – exspectatus eram ______
dimitteris – dimittimur – dimittebaris – dimissus es ______

Ü 106

Bestimme die folgenden Verba, indem du Person und Zahl in die erste Spalte links (P/Z) einträgst. Kreuze die richtige Zeit und aktiv/passiv (a/p) an! Wiederhole bei dieser Übung auch gleich die Stammformen des jeweiligen Wortes! Übersetze anschließend die Verba ins Deutsche!

	P/Z	a	p	Präsens	Imperfekt	Futur	Perfekt	Plusquamperfekt
narrabit								
narrabat								
ceperas								
cepistis								
capior								
tetigi								
tangebant								
iudicaverunt								
iudicaverant								
iudicati sunt								
facies								
factum est								
superabimur								
superabamur								
reprehensus sum								

Ü 107

Ergänze folgende Tabelle!

Perfekt	Plusquamperfekt	Imperfekt
debuisti	debueras	debebas
	feceratis	
		agebantur
superati estis		
	posuerant	
		habebam

Ü 108

Vervollständige in folgender Tabelle die aktiven Formen der Verba!
Übersetze sie jeweils in der Zeile darunter!

3. Person Pl. Präsens	2. Person Sg. Futur	2. Person Pl. Perfekt	1. Person Pl. Plusquampf.
agunt	ages	egistis	egeramus
sie tun	du wirst tun	ihr habt getan	wir hatten getan
vident		vidistis	videramus
	petes	petivistis	
considunt			consederamus
accipiunt		accepistis	
prohibent		prohibuistis	
			ceperamus
	desilies		desilueramus
occidunt			
		docuistis	
			reliqueramus
	iubebis		
		intellexistis	

Ü 109

Ordne die lateinischen Formen richtig den deutschen Übersetzungen zu, indem du vor den deutschen Übersetzungen die Nummern der entsprechenden lateinischen Formen einträgst!

1 potuerunt	er hatte gegeben	8 petet	nimm an!
2 recipe!	du bist geflohen	9 agam	ihr lehrt
3 dederat	1 sie konnten	10 petiveram	er hatte aufgehoben
4 accipiet	er wird erbitten	11 egeratis	sie wird annehmen
5 interfecerat	ich werde tun	12 docetis	sie wird aufheben
6 fugisti	sie werden lehren	13 sustulerat	ihr hattet getan
7 tollet	ich hatte gebeten	14 docebunt	er hatte getötet

Ü 110

Ordne richtig zu! Geh die Wörter in der linken Spalte der Reihe nach durch und suche die Entsprechung in der rechten Spalte! Übertrage dann die jeweils passende Lösung in die Zeile daneben! Beachte, dass hier nicht nur Verba im Spiel sind!

~~virgo~~	sie werden sein	virgo – die junge Frau
~~inveniebas~~	sie hatten ignoriert	inveniebas – du fandest
tolerabatis	sie ignorierten	
tolerabitis	den Anführer	
toleraverunt	du bist gewesen	
erant	der Schild	
erunt	ihr hieltet aus	
inveniam	sie haben ausgehalten	
offeres	wir haben angeboten	
scutum	du warst	
obtulimus	wir boten an	
neglegent	~~die junge Frau~~	
offerebamus	du wirst sein	
ducem	du wirst anbieten	
fuisti	~~du fandest~~	
neglegebant	ich werde finden	
neglexerant	sie werden ignorieren	
sum	ich bin	
eris	ihr werdet aushalten	
eras	sie waren	

Ü 111

Setze in den folgenden Sätzen Subjekt und Prädikat in die jeweils andere Zahl und übersetze dann den neuen Satz in deinem Übungsheft!

Amicus cum fratre in forum **venit**.
Amici cum fratre in forum **veniunt**.
Die Freunde kommen mit dem Bruder auf das Forum.

1. Discipuli a magistro reprehensi sunt.

___

2. Ranae ad Iovem venerunt.

___

3. Cives Romani ad templum venient.

___

4. Pecora in prato vides.

___

5. Navem magnam habuistis.

___

Ü 112

Setze ins Passiv und übersetze den passiven Satz im Übungsheft!

TIPP: Übersetze zuerst den aktiven Satz, damit du leichter die richtige passive Verbform triffst! Achte darauf, dass das PPP immer mit dem Subjekt übereingestimmt werden muss!

Di facinora Tantali animadverterunt.
Passiv: Facinora Tantali a dis animadversa sunt.
Übersetzung: Die Untaten des Tantalus sind von den Göttern bemerkt worden.

1. Tantalus Pelopem occisum dis apposuit.

___

2. Tantalus deos probavit.

___

3. Is rex Lydorum filium occidit.

___

4. Pyrrhus Romanos superavit.

___

Besondere Verba: esse, posse, ire, ferre

Warum werden diese Verba in einem eigenen Kapitel behandelt?

Diese Verba werden im Lateinischen **sehr häufig** verwendet.
Sie haben aber einige **unregelmäßige Formen**. Also musst du sie dir genau einprägen!

sum, es, esse, fui

esse (Infinitiv) = sein

	Präsens		Imperfekt	
1. Pers. Sg.	sum	ich bin	eram	ich war
2. Pers. Sg.	es	du bist	eras	du warst
3. Pers. Sg.	est	er, sie, es ist	erat	er, sie, es war
1. Pers. Pl.	sumus	wir sind	eramus	wir waren
2. Pers. Pl.	estis	ihr seid	eratis	ihr wart
3. Pers. Pl.	sunt	sie sind	erant	sie waren

	Futur		Perfekt	
1. Pers. Sg.	ero	ich werde sein	fui	ich bin gewesen
2. Pers. Sg.	eris	du wirst sein	fuisti	du bist gewesen
3. Pers. Sg.	erit	er, sie, es wird sein	fuit	er, sie, es ist gewesen
1. Pers. Pl.	erimus	wir werden sein	fuimus	wir sind gewesen
2. Pers. Pl.	eritis	ihr werdet sein	fuistis	ihr seid gewesen
3. Pers. Pl.	erunt	sie werden sein	fuerunt	sie sind gewesen

	Plusquamperfekt		Futur exakt	
1. Pers. Sg.	fueram	ich war gewesen	fuero	ich werde gewesen sein
2. Pers. Sg.	fueras	du warst gewesen	fueris	du wirst gewesen sein
3. Pers. Sg.	fuerat	er, sie, es war gewesen	fuerit	er, sie, es wird gewesen sein
1. Pers. Pl.	fueramus	wir waren gewesen	fuerimus	wir werden gewesen sein
2. Pers. Pl.	fueratis	ihr wart gewesen	fueritis	ihr werdet gewesen sein
3. Pers. Pl.	fuerant	sie waren gewesen	fuerint	sie werden gewesen sein

Ü 113

Übersetze folgende Formen von „esse“!

es	______	sum	______
eras	______	fuerimus	______
eris	______	fui	______
fuisti	______	estis	______
fueratis	______	eritis	______
fuimus	______	eratis	______
erimus	______	fuistis	______
sumus	______	sunt	______

Ü 114 **Setze folgende Formen von „esse“ in derselben Zeit in den jeweiligen Plural und übersetze!**

sum		fueram	
fui		eris	
eras		fuisti	
ero		erit	
fueris		eram	

possum, potes, posse, potui

posse (Infinitiv) = können

Die Formen von posse werden mit der **Vorsilbe pot-** und der entsprechenden Form von **„esse“** gebildet.

	Präsens		Imperfekt	
1. Pers. Sg.	**pos**sum	ich kann	**pot**eram	ich konnte
2. Pers. Sg.	**pot**es	du kannst	**pot**eras	du konntest
3. Pers. Sg.	**pot**est	er, sie, es kann	**pot**erat	er, sie, es konnte
1. Pers. Pl.	**pos**sumus	wir können	**pot**eramus	wir konnten
2. Pers. Pl.	**pot**estis	ihr könnt	**pot**eratis	ihr konntet
3. Pers. Pl.	**pos**sunt	sie können	**pot**erant	sie konnten

Futur:
potero, poteris, poterit, poterimus, poteritis, poterunt
ich werde können, du wirst können …

Die Formen des **Perfekts, Plusquamperfekts und Futur exakts** konjugieren mit dem Perfektstamm **potu-** ganz regelmäßig:

potui, potuisti … = ich habe gekonnt …
potueram, potueras … = ich hatte gekonnt …
potuero, potueris … = ich werde gekonnt haben …

Ü 115 **Übersetze folgende Formen von „posse“ richtig!**

potes		potuimus	
poteras		poteramus	
poteris		possumus	
potuisti		possum	
potueratis		poterimus	

Ü 116 **Setze folgende Formen von „posse“ in derselben Zeit in den jeweiligen Plural und übersetze!**

possum	possumus – wir können
potui	
poteras	
potero	
potueris	
potueram	
potes	

eo, is, ire, ii

ire (Infinitiv) = gehen

	Präsens		Imperfekt	
1. Pers. Sg.	eo	ich gehe	ibam	ich ging
2. Pers. Sg.	is	du gehst	ibas	du gingst
3. Pers. Sg.	it	er, sie, es geht	ibat	er, sie, es ging
1. Pers. Pl.	imus	wir gehen	ibamus	wir gingen
2. Pers. Pl.	itis	ihr geht	ibatis	ihr gingt
3. Pers. Pl.	eunt	sie gehen	ibant	sie gingen

Futur:
ibo, ibis, ibit, ibimus, ibitis, ibunt
ich werde gehen, du wirst gehen …

Achte im **Perfekt** auf die **Verwechslungsgefahr** mit den **Präsensformen**:
In den fraglichen Personen hat das **Perfekt** immer **zwei „i“**!

Infinitiv Pefekt: isse

	Perfekt	
1. Pers. Sg.	ii	ich bin gegangen
2. Pers. Sg.	isti	du bist gegangen
3. Pers. Sg.	iit	er, sie, es ist gegangen
1. Pers. Pl.	iimus	wir sind gegangen
2. Pers. Pl.	istis	ihr seid gegangen
3. Pers. Pl.	ierunt	sie sind gegangen

Ü 117 **Übersetze folgende Formen von „ire“ richtig!**

is		ieramus	
ibas		isti	
ibimus		itis	
istis		ibunt	
ii		iimus	

Ü 118 **Setze folgende Formen von „ire“ in derselben Zeit in den jeweiligen Plural und übersetze!**

eo	imus – wir gehen
ii	
ieras	
ieram	
ibat	
ibit	
ibas	

fero, fers, ferre, tuli, latum

ferre (Infinitiv) = tragen, bringen

	Präsens		Imperfekt	
1. Pers. Sg.	fero	ich trage	ferebam	ich trug
2. Pers. Sg.	fers	du trägst	ferebas	du trugst
3. Pers. Sg.	fert	er, sie, es trägt	ferebat	er, sie, es trug
1. Pers. Pl.	ferimus	wir tragen	ferebamus	wir trugen
2. Pers. Pl.	fertis	ihr tragt	ferebatis	ihr trugt
3. Pers. Pl.	ferunt	sie tragen	ferebant	sie trugen

Futur:
feram, feres, feret, feremus, feretis, ferebunt
ich werde tragen, du wirst tragen ...

Achte auf den ganz anders klingenden **Perfektstamm tul-**, mit dem die Zeiten **Perfekt, Plusquamperfekt** und **Futur exakt** ganz regelmäßig gebildet werden:

tuli, tulisti ... = ich habe getragen ...
tuleram, tuleras ... = ich hatte getragen ...
tulero, tuleris ... = ich werde getragen haben ...
Infinitiv: tulisse

Ü 119 **Übersetze folgende Formen von „ferre“ richtig!**

fers		feram	
ferunt		ferebam	
feres		fero	
ferebamus		ferent	
tuleras		tuleratis	

Ü 120 Setze folgende Formen von „ferre“ in derselben Zeit in den jeweiligen Plural und übersetze!

fero	ferimus – wir tragen
tuli	
tuleras	
feram	
fers	
fert	
tulisti	

Ü 121 Fülle die Tabelle richtig aus und übersetze!

	Zeit	Person	Zahl	Übersetzung
eram	Imperfekt	1. Person	Singular	ich war
fuistis				
feram				
eras				
potueramus				
imus				
tulimus				
ferebatis				
ierunt				
ferimus				
potuit				
istis				
ferunt				
ibo				
sumus				
eunt				
possunt				
poteramus				
potueramus				
feres				
ii				
ferebant				

Ü 122

Vermischte Sätze mit „esse, posse, ire, ferre“:
Fülle die Lücken in den Sätzen gemäß den Angaben in den Klammern und übersetze!

Romani Gallos superare non **potuerunt** (sie konnten).
Die Römer konnten die Gallier nicht besiegen.

1. Alexander nodos manibus solvere non ______ (er konnte).
______
2. Galli, quibus druida potionem magicam dat, sine armis cum hostibus pugnare ______ (sie können).
______
3. Ariadna dixit: „Ego te, virum fortem, iuvare ______ (ich kann).“
______
4. Columbae multas litteras in castra Romanorum ______ (sie trugen).
______
5. Sexta hora in scholam ______ (gehen) debemus.
______
6. Liberi cum amicis domum ______ (sie werden gehen).
______
7. Romani semper victores ______ (sie waren).
______
8. Nostri amici felices ______ (sie werden sein).
______
9. Multos post annos Ulixes ad insulam suam redire ______ (er konnte).
______
10. Graecos timeo, qui dona mala ______ (sie bringen).
______
11. Si me celeriter adiuveris, semper amicus meus ______ (du wirst sein).
______
12. Decem annos in scholam ______ (ihr seid gegangen).
______
13. Elephanti milites per montes ______ (sie werden tragen).
______

Der Accusativus cum Infinitivo (= AcI)

Der **Accusativus cum Infinitivo** ist eine sehr häufige lateinische Konstruktion, bei der der **Infinitiv** anders als im Deutschen verwendet wird.
Diese Konstruktion wird im Deutschen meist mit einem **„dass-Satz“** wiedergegeben.

Welche Infinitive gibt es?

Im Lateinischen gibt es einen **Infinitiv Präsens** (aktiv und passiv) und einen **Infinitiv Perfekt** (aktiv und passiv).

Aktiv

Präsens Infinitiv:
Präsensstamm + **-re**

Perfekt Infinitiv:
Perfektstamm + **-isse**

Passiv

Präsens Infinitiv:
Präsensstamm + **-ri/-i**

Perfekt Infinitiv:
PPP + **esse** (zwei Wörter!)

Wann steht ein AcI?

Der AcI steht nach bestimmten Verba.
Auf diese musst du besonders achten. Dazu zählen:

- **Verba des Kopfes**
  hören – audire
  sehen – videre
  sagen – dicere
  rufen – clamare
  erzählen – narrare
  denken – cogitare
  wissen – scire
  fühlen – sentire
  glauben, meinen – putare
  hoffen – sperare
- **unpersönliche Verba**
  constat – es steht fest
  necesse est – es ist notwendig
- **manche Verba des Begehrens und Befehlens**
  iubere – befehlen
  cupere – wollen
  vetare – verbieten

Diese **Verba** sind für dich ein **AcI-Signal**!
Findest du ein solches in einem Satz, musst du immer an einen AcI denken!

Wie erkenne ich einen AcI?

Den AcI erkennst du zuerst an dem Verb, das ein Signal darstellt.
Der häufigste Fehler ist, dass das Signalverb übersehen und dadurch der AcI missachtet wird.

Wie gehe ich bei der Übersetzung des AcI vor?

1. Du **erkennst** im Satz ein **Verb als AcI-Signal**!
2. Schau, ob im Satz ein **Infinitiv** zu finden ist.
   Nun gibt es zwei Möglichkeiten:
   - Wenn du keinen Infinitiv findest, übersetze normal weiter.
   - Wenn du einen Infinitiv findest, könnte es ein **AcI** sein!
3. Suche nun einen **Akkusativ (= AcI-Subjekt)**!
4. Bilde einen deutschen **„DASS-Satz"**.
   Achte dabei auf Folgendes:
   lateinischer Akkusativ ⟶ **Subjekt** des deutschen „DASS-Satzes"
   lateinischer Infinitiv ⟶ **Prädikat** des deutschen „DASS-Satzes"

In welcher Zeit steht der deutsche „DASS- Satz"?

Steht ein lateinischer **Infinitiv Präsens**, verwende auch im **Deutschen das Präsens**!
Steht ein lateinischer **Infinitiv Perfekt**, verwende auch im **Deutschen das Perfekt**!

Für Spezialisten:
Wenn der Infinitiv im Präsens steht, sagt man, der AcI ist **gleichzeitig** (= GZ; die Handlung, die im AcI ausgedrückt wird, spielt in der gleichen Zeitebene wie das Prädikat).

Steht der Infinitiv im Perfekt, sagt man, der AcI ist **vorzeitig** (= VZ; die Handlung, die im AcI ausgedrückt wird, spielt vor der Zeitebene, in der das Prädikat handelt).

Magistrum de imperio Romano dicere **audio**. ⟶ GZ
Ich höre, dass der Lehrer über das Römische Reich spricht.

Ranas novem regem ab love petivisse **scimus**. ⟶ VZ
Wir wissen, dass die Frösche einen König von Iupiter erbeten haben.

Ü 123

Übersetze die folgenden Sätze mit AcI!
Achte bei den Infinitiven besonders auf aktiv/passiv und das Zeitverhältnis!

1. Scio matrem a me amari.

   ____

2. Caesarem Gallos superavisse magister nobis narrat.

   ____

3. Gallos a Caesare superatos esse magister nobis narrat.

   ____

Ü 124

Finde den richtigen Infinitiv!
Vervollständige in den folgenden Sätzen den AcI so, dass er gemäß der Angabe entweder GZ oder VZ, aktiv oder passiv wird und übersetze anschließend!

Mater scit se a liberis **amari**. (lieben; GZ; passiv)
Die Mutter weiß, dass sie von den Kindern geliebt wird.

1. Oedipus putavit Polybum patrem suum ________ . (sein; GZ)

   ____

2. Oedipus scivit urbem a pestilentia ________ . (plagen; GZ; passiv)

   ____

3. Magister narravit discipulis Gallos a Romanis ________ . (siegen; VZ; passiv)

   ____

4. Scimus Romanos omnes hostes ________ . (siegen; VZ; aktiv)

   ____

Ü 125

Übung macht den Meister!
Übersetze in deinem Übungsheft!

1. Discipuli magistrum venire audiunt.
2. Nos omnes bene scimus Achillem occultari non potuisse.
3. Ulixem filiis regis dona tulisse in libro nostro legimus.
4. Polyphemus sensit Ulixem decipi non posse.
5. Thetis putavit Achillem servari posse.
6. Magister nobis narravit Ulixem Achillem invenire debuisse.
7. Accepimus milites Romanos saepe in Graeciam iter facere debuisse.
8. Discipuli legunt Ulixem Troiam ire debuisse.
9. Scitisne Ulixem Polyphemum graviter laesisse?
10. Scimus Ulixem filias regis Lycomedis, inter quas Achilles quoque fuit, in aulam coegisse.
11. Apud Suetonium legimus Gallos contra Romanos pugnavisse.
12. Augusto nuntiatum est tres legiones a Germanis occisas esse.
13. Ulixes scit Achillem apud Lycomedem occultari.
14. Magister nobis narravit Achillem apud regem Lycomedem occultatum esse.
15. Thetis dea iussit filium ad regem Lycomedem ire.
16. Iuliam nobiscum Pompeios visitare in animo habuisse scimus.
17. Ducem nostrum de regionibus variis urbis dicere audimus.
18. In viis tabernas fuisse scimus.
19. Magister nobis monstrat multa aedificia magna in oppido fuisse.
20. Felix dicit se multa spectavisse. Putavit monumenta urbis Romae pulchra esse.
21. Nos diu per ruinas urbis ambulavisse et multa aedificia vidisse avo narravi.
    (diu = lange, ruina, -ae f = Ruine, avus, -i m = Großvater)
22. Paulum amicam in taberna invenisse videmus.
23. Reges Graecorum post decem annos belli crudelissimi contra Troianos domum isse scimus.
24. Scimus avum iam senem esse et magnum fundum possidere.
    (senex, senis m = alter Mann, fundus, -i m = Landgut)
25. Aedificia, quae ad fundum pertinent, pulchra esse videmus. (aedificium, -i n = Bauwerk)
26. Me cum avo meo in oppidum venisse matri narro, ubi multa aedificia magna vidi.

Das Partizip Perfekt Passiv (= PPP)

Das **Partizip Perfekt Passiv (PPP)** wird im Deutschen oft als Mittelwort der Vergangenheit oder zweites Mittelwort bezeichnet, zum Beispiel:
geschickt, gelobt, gelesen, geschlagen, besiegt …

Wie dekliniert man das PPP?

Das **PPP** dekliniert man wie ein **Adjektiv der A-/O-Deklination**!

Bei den **Stammformen** wird es **immer an letzter Stelle** und meist in seiner neutralen Form (-um) angegeben.

Das PPP wird wie im Deutschen mit dem Wort, zu dem es gehört, **übereingestimmt**, zum Beispiel: der besiegte Gladiator, die besiegten Gladiatoren

Wie wird das PPP verwendet?

Hier gibt es zwei Möglichkeiten:

1. Das PPP wird wie das **2. Mittelwort** im Deutschen verwendet.
   Video ranas a Iove **occisas**. – Ich sehe die von Jupiter **getöteten** Frösche.
   Milites **superati** in patriam venerunt. – Die **besiegten** Soldaten kamen in ihre Heimat.
2. Das PPP bildet gemeinsam mit einer Form von „esse" **das Passiv des Perfekts, Plusquamperfekts oder Futur exakts.**
   Milites **superati sunt**. – Die Soldaten **sind besiegt** worden.
   Rana **occisa est**. – Der Frosch **ist getötet** worden.

Ü 126

Übersetze folgende Sätze bzw. Satzteile!

exercitus superatus → das besiegte Heer
Exercitus a Gallis superatus est. → Das Heer ist von den Galliern besiegt worden.
Video exercitum a Gallis superatum. → Ich sehe das von den Galliern besiegte Heer.
→ Ich sehe das Heer, das von den Galliern besiegt worden ist.

1. **moneo, -es, -ere, monui, monitum = ermahnen**:
   servus monitus ______________________________
   Servus a domino monitus est. ______________________________
   Servum a domino monitum ad villam duco. ______________________________

2. **laudo, -as, -are, laudavi, laudatum = loben**:
   urbs laudata ______
   Urbs ab imperatore laudata est. ______
   Urbem ab imperatore laudatam visitamus. ______

3. **occido, -is, -ere, occidi, occisum = töten**:
   Plinius occisus ______
   Plinius Vesuvio occisus est. ______
   De Plinio Vesuvio occiso legis. ______

4. **velo, -as, -are, velavi, velatum = verhüllen**:
   mons velatus ______
   Mons nube velatus est. ______
   Montem nube velatum videre non potestis. ______

5. **relinquo, -is, -ere, reliqui, relictum = zurücklassen**:
   Ariadna relicta ______
   Ariadna a Theseo in insula relicta est. ______
   Ariadnam a Theseo in insula relictam
   Bacchus amavit. ______

6. **supero, -as, -are, superavi, superatum = besiegen**:
   legiones superatae ______
   Legiones a Pyrrho superatae sunt. ______
   Legiones a Pyrrho superatas in tabula videbatis. ______

7. **specto, -as, -are, spectavi, spectatum = sehen**:
   monumenta spectata ______
   Monumenta a liberis spectata sunt. ______
   Monumenta spectata nobis maxime placent. ______

8. **rapio, -is, -ere, rapui, raptum = rauben**:
   virgo rapta ______
   Virgo a Plutone rapta est. ______
   Virgo rapta Plutonem non amavit. ______

9. **facio, -is, -ere, feci, factum = machen**:
   facinus factum ______
   Facinus a Tantalo factum est. ______
   Di immortales facinus factum intellexerunt. ______

10. **mitto, -is, -ere, misi, missum = schicken, senden**:
    miles missus ______
    Miles ab imperatore missus est. ______
    Imperator militem missum salutavit. ______

Das Partizip Präsens Aktiv (= PPA)

Das **Partizip Präsens Aktiv (PPA)** wird im Deutschen als Mittelwort der Gegenwart oder Mittelwort I bezeichnet, zum Beispiel:
schickend, lobend, lesend, schlagend, siegend ...

Wie wird das PPA gebildet?

Das PPA wird mit dem **Präsensstamm** und der **Endung -ns, -ntis** ... gebildet.

Es wird wie im Deutschen mit dem Wort, zu dem es gehört, **übereingestimmt**, zum Beispiel: das spielende Kind, die spielenden Kinder

Im Prinzip funktioniert das wie bei den Adjektiva (Eigenschaftswörtern).

Wie dekliniert man das PPA?

Das PPA dekliniert man wie ein **konsonantisches Adjektiv mit i-Einfluss (= KAMIEs)**!
Ausnahme: **Ablativ Singular auf -e**!

	Singular	Plural
Nominativ	supera**ns**	supera**ntes** (neutr: supera**ntia**)
Genitiv	supera**ntis**	supera**ntium**
Dativ	supera**nti**	supera**ntibus**
Akkusativ	supera**ntem** (neutr: supera**ns**)	supera**ntes** (neutr: supera**ntia**)
Ablativ	supera**nte**	supera**ntibus**

Das PPA von **ire** (= gehen) lautet:
iens, euntis, eunti, euntem ...

Wie wird das PPA übersetzt?

Hier gibt es zwei Möglichkeiten:

1. Das PPA wird selten **wörtlich** übersetzt:
   Video liberos **ludentes**. – Ich sehe die **spielenden** Kinder.
   Imperator legiones in Germaniam **ducens** concidit. – Der die Legionen nach Germanien **führende** Feldherr fiel hin.
2. Das PPA wird sehr **oft mit einem Nebensatz** (Relativ- oder Temporalsatz) übersetzt:
   Video liberos **ludentes**. – Ich sehe die Kinder, **die** spielen.
   Imperator legiones in Germaniam **ducens** concidit. – Der Feldherr, **der** die Legionen nach Germanien führte, fiel hin.
   oder: Der Feldherr fiel hin, **als** (= während) er die Legionen nach Germanien führte.

Ü 127

Übersetze folgende Sätze!
Schreibe zwei Versionen (wörtlich und mit Relativsatz) nieder!

Serv**i** in horto labora**ntes** dominum non amant.
Die sich im Garten abmühenden Sklaven mögen den Herren nicht.
Die Sklaven, die sich im Garten abmühen, mögen den Herren nicht.

1. Ariadne Thes**eum** in Cretam venie**ntem** salutavit.

2. Quis magistrum discipulos laudantem non amat?

3. Discipuli in scholam venientes discipulum novum salutaverunt.

4. Vidimus delphinum Arionem in Graeciam ferentem magnum fuisse.

5. Liberis in scholam contendentibus librum dedi.

6. Agamemnonem domum redeuntem uxor interfecit.

7. Romani Germanos castra oppugnantes prohibuerunt.

8. Discipulo monumenta spectanti urbs placuit.

9. Verba poetae ea carmina scribentis semper amabo.

Übungstexte

Übersetze die folgenden Texte **ohne** Zeitdruck!
Solltest du Schwierigkeiten haben, wiederhole die entsprechenden Grammatikkapitel!
Die Texte sind nach aufsteigendem Schwierigkeitsgrad geordnet.

Text 1

Grammatikkapitel:
Präpositionen + Akkusativ und Ablativ, Übereinstimmung von Nomen und Adjektiv

Discipuli cum magistro in for___ contendunt.

Magister Iuliam nomina provinciarum dicere iubet. Iulia provincias Romanas in tabul___ monstrare debet.

Quam magnum est imperium Romanum!

Magister de imperi___ Roman___ dicit.

Deinde magister discipulos in forum ducit. Liberi multa templa et monumenta vident.

Marcus dicit: „Ubi est Iulia, soror me___? Iuliam non video!
Soror quinque annos nat___ est!"

Magister <u>respondet</u>: „Iulia apud flum___ est!"

Discipuli cum magistr___ ad Tiber___ flum___ contendunt. Ibi naves magn___ vident et Iuliam <u>inveniunt</u>.

(**respondet** – er antwortet; **inveniunt** – sie finden)

Text 2

Grammatikkapitel:
wie vorangegangener Text

Magister nobis narrat de Roman   antiqu   : „Multi viri Romani totum diem in foro Romano sunt. Cum legat   Gallorum de mult   re   agere debent. Saepe milites Romani cum Gallis pugnare debent!"

Nos quarta hora in forum imus et monumenta Romanorum spectamus.
Quam pulchra sunt templa in foro Romano!

A templ   Saturni ad basilic   Iuliam contendimus.

Ante basilic   amicos nostros exspectamus. Magnitudinem imperii Romani cognoscimus, quod magister nos multa de cult   Romanorum et de re publica Romana docet.

Quis cultum Romanorum non amat?

(**narro**, -as, -are – erzählen; **antiquus**, -a, -um – alt; **cognosco**, -is, -ere – kennen lernen)

Text 3

Grammatikkapitel:
wie vorangegangene Texte + Formen von eo, is, ire; Imperative aller Konjugationen; Akkusativ der Zeitstrecke; Ablativus temporis

Amicis meis in forum Romanum contendere licet. Ego autem in camera mea sedeo et discere debe . Post pensum ego quoque in forum eo.

Amici gaudent, quod venio, et me salutant: „Salv , amice!“

Ego respondeo: „Salvete omnes! Quomodo valetis? Quid facitis?“

Amici: „Gratias agimus! Bene vale ! Omnia templa fori Romani spectamus et de magnitudin imperii Romani audimus.“

Nona hora ad templ Saturni imus. In porticu pulchra Iuliam, sororem Iulii, exspectamus. Iulia autem non venit! Unam totam horam Iuliam exspectamus. Deinde dicimus: „Parent nos domi exspectant. Ergo domum imus!“

(**camera**, -ae f – Zimmer; **sedeo**, -es, -ere – sitzen; **disco**, -is, -ere – lernen; **pensum** -i n – Hausübung; **gaudeo**, -es, -ere – sich freuen; **totus**, -a, -um – ganz; **domi** – zuhause; **ergo** – also)

Text 4

Grammatikkapitel:
wie vorangegangene Texte + Perfekt aller Konjugationen

Mihi nomen est Minotaurus. Filius Minois, regis Cretae, et Pasiphaae sum.
Pasiphae taurum amavit et me genuit. Homines me monstrum appellant.
Pater meus iussit Daedalum labyrinthum construere. Semper in labyrintho esse debeo, unde nemo redit.
Multos liberos devoravi, quod pater meus cum Atheniensibus bellum gessit et eos superavit.
Pater meus Athenienses iussit quotannis septem pueros et septem puellas mittere.
Eos omnes devoravi.
De Theseo multa audivi: „Theseus filius regis Atheniensium est."
Eum timeo, quod audivi: „Theseus Minotaurum superare in animo habet!"

(**Minos**, Minois m – Minos; **Pasiphae**, -ae f – Pasiphaë; **taurus**, -i m – Stier;
gigno, -is, -ere, genui – auf die Welt bringen; **appello**, -as, -are, -avi – nennen;
Daedalus, -i m – Daedalus; **construo**, -is, -ere – bauen;
devoro, -as, -are, -avi – verschlingen; **Athenienses**, -ium – die Athener;
quotannis – jährlich; **eos** – diese – Akkusativ Plural;
eum – diesen – Akkusativ Singular; **timeo**, -es, -ere, timui – fürchten)

Text 5

Grammatikkapitel:
wie vorangegangene Texte + Plusquamperfekt aller Konjugationen; Formen von „posse“; Relativpronomen

Setze die passenden Relativpronomen bzw. die in Klammer angegebenen Verbformen in den Text ein und Übersetze!

De virtute Alexandri magister nobis multa narravit:

Alexander magnus, ______ omnes hostes timuerunt, in urbem venerat, ______ homines Gordium appellant:

In ea urbe vehiculum fuit, cuius iugum multis nodis astrictum erat.

Oraculum de nodis ______ (es hatte gesagt): „Rex est, ______ nodos solvere potest!“

Alexander nodos manibus solvere non ______ (er konnte).

Itaque intellexit: „Nodos gladio rumpere debeo. Deinde regnum occupare ______ (ich kann)!“

Alexander ______ (er machte), quod in animo habuit.

Omnes homines dixerunt: „Alexander, ______ exercitus fortis multas terras occupaverat, urbem nostram capere potuit, quod vir prudens ______ (er ist)!“

(**virtus**, -tutis f – Tapferkeit; **narro**, -as, -are, -avi – erzählen; **iugum**, -i n – Deichsel; **nodus**, -i m – Knoten; **astrictus** 3 – verknüpft; **solvo**, -is, -ere – lösen; **rumpo**, -is, -ere – zerschlagen; **regnum**, -i n – Herrschaft; **terra**, -ae f – Land; **capio**, -is, -ere, cepi – hier: einnehmen)

Text 6

Grammatikkapitel:
wie vorangegangene Texte + Perfekt passiv aller Konjugationen; is,ea,id

Romani iniuriam a Tarentinis acceptam tolerare non potuerunt. Itaque bellum gestum est.

Pyrrhus rex, cui exploratores de magnificis urbibus Romanorum narraverant, Tarantinos iuvit.

Is in animo habuit multas divitias ex urbibus Romanis rapere.

Pyrrhus exercitum in Italiam duxit: Romani eum superare non potuerunt, quod multos elephantos habuit. Eos milites Romani maxime timuerunt.

Ubi Romani exploratores regis ceperunt, eos per castra duxerunt et iusserunt: „Spectate et omnia imperatori nuntiate!"

Deinde Pyrrhus contra Romanos pugnavit eosque superavit. Tamen magna pars eius militum occisa est!

(**magnificus** 3 – großartig; **narro**, -as, -are, -avi, -atum – erzählen; **divitiae**, -arum f – Reichtum; **rapio**, -is, -ere – rauben; **tamen** – dennoch)

Text 7

Grammatikkapitel:
wie vorangegangene Texte + Futur aller Konjugationen

Tyrannus, quem Dionysium appellamus, civitati libertatem abstulerat.
Itaque cives dixerunt: „Tyrannus nos omnes occidet, nisi aliquid contra eum faciemus! Virum fortem quaerere debemus, qui civitatem liberare potest!"
Moerus vir fortis fuit et tyrannum interficere in animo habuit. Dixit: „Ero heros civitatis! Eam civitatem liberabo!" Amicus eius, cuius nomen nescimus, eum iuvit. Nam Moerus a militibus tyranni captus est. Moerus captus a tyranno petivit: „Sororem conlocare debeo. Tertio die redibo! Obsidem tibi dabo amicum meum!"
Moerus, cui tyrannus ire concesserat, tertio die rediit. Moerus eiusque amicus laeti fuerunt, quod tyrannus vera amicitia superatus est.

(**aufero**, -fers, -ferre, abstuli, ablatum – wegnehmen; **civis**, -is m – Bürger; **aliquid** – irgendetwas; **quaero**, -is, -ere – suchen; **libero**, -as, -are – befreien; **heros**, -ois m – Held; **nescio**, -is, -ire – nicht wissen; **nam** – denn; **conloco**, -as, -are – verheiraten; **concedo**, -is, -ere, -cessi, -cessum – erlauben)

Text 8

Grammatikkapitel:
wie vorangegangene Texte + Steigerung der Adjektiva

Ulixes Polyphemum superat

Ubi Ulixes eiusque amici ad Polyphemum stultissimum venerunt, is Graecos in spelunca includebat. In animo habebat eos consumere.

Ulixes autem, qui prudentissimus omnium Graecorum fuit, dixit: „Cyclops fortior est quam nos! Tamen stultior est! Si vinum ei dabimus, dormiet! Tum facillimum erit eum superare: trunco eius oculum exuremus! Fugere poterimus, quod celeriores sumus quam is!"

Graeci consilium prudentissimum probabant.

Ulixes Polyphemo vinum dedit. Tum Graeci Polyphemum, qui inebriatus erat, vulneraverunt et eum fugere potuerunt.

(**stultus** 3 – dumm; **consumo**, -is, -ere – auffressen; **dormio**, -is, -ire, -ivi – schlafen; **truncus**, -i m – Baumstamm; **exuro**, -is, -ere, exussi – ausbrennen; **probo**, -as, -are, -avi – gut heißen; **inebriatus** 3 – betrunken)

Aufsteigen ... in LATEIN 1

LÖSUNGSHEFT

1

	Vokabel	Form	Deutsch
	Vokabel	**Form**	**Deutsch**
1.	filia, -ae f	Akkusativ Singular fem.	die Tochter
2.	poeta, -ae m	Dativ Plural mask.	den Dichtern
		Ablativ Plural mask.	(cum) mit den Dichtern
3.	insula, -ae f	Genitiv Plural fem.	der Inseln
4.	tabula, -ae f	Akkusativ Plural fem.	die Tafeln/die Karten
5.	porta, -ae f	Nominativ Singular fem.	das Tor
		Ablativ Singular fem.	durch das Tor
6.	copia, -ae f	Genitiv Singular fem.	der Menge
		Dativ Singular fem.	der Menge
		Nominativ Plural fem.	die Truppen
7.	iniuria, -ae f	Akkusativ Singular fem.	das Unrecht
8.	ripa, -ae f	Nominativ Singular fem.	das Ufer
		Ablativ Singular fem.	(in) am Ufer
9.	Italia, -ae f	Akkusativ Singular fem.	Italien
10.	puella, -ae f	Dativ Plural fem.	den Mädchen
		Ablativ Plural fem.	(a) von den Mädchen

2

agricola, -ae **m** – Bauer; nauta, -ae **m** – Seemann, Matrose; poeta, -ae **m** – Dichter; pirata, -ae **m** – Pirat, Seeräuber

3

1. **annus:** annus, -i **m** – Jahr (O-Deklination)

	Singular	Plural	Singular	Plural
Nominativ	ann-**us**	ann-**i**	**das** Jahr	**die** Jahre
Genitiv	ann-**i**	ann-**orum**	**des** Jahres	**der** Jahre
Dativ	ann-**o**	ann-**is**	**dem** Jahr	**den** Jahren
Akkusativ	ann-**um**	ann-**os**	**das** Jahr	**die** Jahre
Ablativ	(de) ann-**o**	(de) ann-**is**	von dem Jahr	von den Jahren

Vokativ Singular: ann-**e**

2. **puer:** puer, -i **m** – Junge, Bub (O-Deklination)

	Singular	Plural	Singular	Plural
Nominativ	puer	puer-**i**	**der** Junge	**die** Jungen
Genitiv	puer-**i**	puer-**orum**	**des** Jungen	**der** Jungen
Dativ	puer-**o**	puer-**is**	**dem** Jungen	**den** Jungen
Akkusativ	puer-**um**	puer-**os**	**den** Jungen	**die** Jungen
Ablativ	(a) puer-**o**	(a) puer-**is**	von dem Jungen	von den Jungen

Vokativ Singular: **puer** (da kein Maskulinum der O-Deklination auf -us!)

3. **praemium:** praemium, -i **n** – Preis, Lohn (O-Deklination)

	Singular	Plural	Singular	Plural
Nominativ	praemi-**um**	praemi-**a**	**der** Preis	**die** Preise
Genitiv	praemi-**i**	praemi-**orum**	**des** Preises	**der** Preise
Dativ	praemi-**o**	praemi-**is**	**dem** Preis	**den** Preisen
Akkusativ	praemi-**um**	praemi-**a**	**den** Preis	**die** Preise
Ablativ	(sine) praemi-**o**	(sine) praemi-**is**	ohne (den) Preis	ohne (die) Preise

4. **tabula**: tabula, -ae **f** – Tafel, Karte (A-Deklination)

	Singular	Plural	Singular	Plural
Nominativ	tabul-**a**	tabul-**ae**	**die** Tafel	**die** Tafeln
Genitiv	tabul-**ae**	tabul-**arum**	**der** Tafel	**der** Tafeln
Dativ	tabul-**ae**	tabul-**is**	**der** Tafel	**den** Tafeln
Akkusativ	tabul-**am**	tabul-**as**	**die** Tafel	**die** Tafeln
Ablativ	(in) tabul-**a**	(in) tabul-**is**	auf der Tafel	auf den Tafeln

5. **liber**: liber, libri **m** – Buch (O-Deklination)

	Singular	Plural	Singular	Plural
Nominativ	liber	libr-**i**	**das** Buch	**die** Bücher
Genitiv	libr-**i**	libr-**orum**	**des** Buches	**der** Bücher
Dativ	libr-**o**	libr-**is**	**dem** Buch	**den** Büchern
Akkusativ	libr-**um**	libr-**os**	**das** Buch	**die** Bücher
Ablativ	(de) libr-**o**	(de) libr-**is**	von dem Buch	von den Büchern

6. **dea**: dea, -ae **f** – Göttin (A-Deklination)

	Singular	Plural	Singular	Plural
Nominativ	de-**a**	de-**ae**	**die** Göttin	**die** Göttinnen
Genitiv	de-**ae**	de-**arum**	**der** Göttin	**der** Göttinnen
Dativ	de-**ae**	de-**is**	**der** Göttin	**den** Göttinnen
Akkusativ	de-**am**	de-**as**	**die** Göttin	**die** Göttinnen
Ablativ	(pro) de-**a**	(pro) de-**is**	für die Göttin	für die Göttinnen

7. **oppidum**: oppidum, -i **n** – Stadt (O-Deklination)

	Singular	Plural	Singular	Plural
Nominativ	oppid-**um**	oppid-**a**	**die** Stadt	**die** Städte
Genitiv	oppid-**i**	oppid-**orum**	**der** Stadt	**der** Städte
Dativ	oppid-**o**	oppid-**is**	**der** Stadt	**den** Städten
Akkusativ	oppid-**um**	oppid-**a**	**die** Stadt	**die** Städte
Ablativ	(ex) oppid-**o**	(ex) oppid-**is**	aus der Stadt	aus den Städten

---

4 deo – insula – nauta (Ablativ Singular); insula – nauta (Nominativ Singular); loci – portae – modi (Genitiv Singular und Nominativ Plural); amice – Publi – nauta – insula (Vokativ Singular); legatos – deas (Akkusativ Plural); deo – portae (Dativ Singular); statuarum – animorum (Genitiv Plural); memoriam (einziges Wort, Akkusativ Singular)

5

1. Akkusativ Singular: monument**um** – for**um** – **deam** – discipul**um** – fili**am**
2. Nominativ u. Akkusativ Singular:
   praemium – tabul**a**/tabul**am** – oppid**um** – amic**a**/amic**am** – discipul**us**/discipul**um**
3. Genitiv u. Dativ Singular, Nominativ Plural:
   morb**i**/morb**o** – **horae** – don**i**/don**o**/don**a** – legat**i**/legat**o** – puer**i**/puer**o**
4. Dativ u. Ablativ Singular: **equo** – poen**ae**/poen**a** – praemi**o** – insul**ae**/insul**a** – libr**o**
5. Nominativ u. Akkusativ Plural:
   proelia – popul**i**/popul**os** – tabul**ae**/tabul**as** – for**a** – oracul**a**
6. Dativ u. Ablativ Plural: vir**is** – fag**is** – oppid**is** – **vinis** – terr**is**
7. Vokativ Singular: Iul**i** – vit**a** – **Marce** – monument**um** – fil**i**

6 Bei den Neutra ist der Nominativ immer gleich dem Akkusativ (und Vokativ).
Im Nominativ, Akkusativ (und Vokativ) Plural endet das Neutrum immer auf -a!

7

	1 O	S		2 P	O	E	N	A	S			
3 I			4 F	I	L	I	A	E		5 A	E	
	6 P	O	E	T	A		7 F	O	R	A		8 O
9 O		10 U	M				11 M	O	D	O		R
C		12 D	I	S	C	I	P	U	L	E		U
U		13 I	N	S	U	L	A	R	U	M		M
L		14 F	I	L	I	I	S		15 V	I	R	
I			16 N	E	U	T	R	U	M		17 A	
		18 O		19 T	A	B	U	L	A	S		20 I
	21 D	E	A	S		22 P	U	B	L	I		

Wahlspruch der NASA: PER ASPERA AD ASTRA
„Steil hinauf zu den Sternen" oder „Über (alle) Hindernisse hin zu den Sternen"

8
1. deae – kein Akkusativ
2. copia – kein Genitiv
3. gladius – kein Vokativ
4. Publi – kein Ablativ
5. fili – kein Genitiv (Beachte: Der Genitiv von „filius" müsste „fili**i**" lauten!)

9
1. falsch: Akkusativ Singular von „filia" lautet „filiam"
2. richtig
3. falsch: Vokativ Singular von „Iulius" lautet „Iuli"
4. falsch: Akkusativ Plural von „forum" lautet „fora"
5. richtig
6. richtig

Lösungswort: **VERGIL** (Römischer Dichter zur Zeit des Kaisers Augustus; berühmt für sein Heldenepos „Aeneis")

10

Vokabel	Form	dt. Übersetzung
1. modus, -i **m**	Nominativ Singular mask.	die Art
2. memoria, -ae **f**	Genitiv Singular fem.	der Erinnerung
	Dativ Singular fem.	der Erinnerung
	Nominativ Plural fem.	die Erinnerungen
3. liber, libri **m**	Akkusativ Plural mask.	die Bücher
4. imperium, -i **n**	Genitiv Singular neutr.	des Reiches
5. puer, pueri **m**	Genitiv Singular mask.	des Jungen
	Nominativ Plural mask.	die Jungen

6. bellum, -i **n**	Dativ Singular neutr.	dem Krieg
	Ablativ Singular neutr.	(**in**) im Krieg
7. Iulius, -i **m**	Vokativ Singular mask.	(Oh) Julius
8. auxilium, -i **n**	Nominativ Plural neutr.	die Hilfstruppen
	Akkusativ Plural neutr.	die Hilfstruppen
9. ripa, -ae **f**	Akkusativ Plural fem.	die Ufer
10. locus, -i **m**	Dativ Plural mask.	den Orten/Stellen
	Ablativ Plural mask.	(**de**) über die Orte/Stellen

11

1. agricolae, agricolam – dem Bauern, den Bauern
2. populi, populum – des Volkes, das Volk
3. oraculo, oracula – durch das Orakel, die Orakel
4. (**cum**) viro, virorum – mit dem Mann, der Männer
5. poenae, poenis – der Strafe, den Strafen
6. scutum, scuta – den Schild, die Schilde
7. numero, numeris – der Zahl, den Zahlen

12

1. gladius nov**us**
2. templum magn**um**
3. oppida mult**a**
4. viros reliqu**os**
5. nautam bon**um** **(!)**
6. monumento parv**o**
7. deas magn**as**
8. Rhodus pulchr**a** **(!)**
9. liberis mult**is**
10. statuae parv**ae**
11. agricolas miser**os** **(!)**
12. imperiorum vestr**orum**
13. poetae magn**i**/magn**o** **(!)**
14. fago nostr**ae**/nostr**a** **(!)**
15. vinum bon**um**
16. venti asper**i**

13

1. das neue Schwert
2. der/den großen Tempel
3. viele Städte
4. die übrigen Männer
5. den guten Seemann
6. mit dem/dem kleinen Monument
7. die großen Göttinnen
8. das schöne Rhodus
9. vielen Kindern
10. der kleinen Statue/die kleinen Statuen
11. die armen Bauern
12. eurer Befehle
13. des/dem großen Dichter(s)/die großen Dichter
14. unserer/mit unserer Buche
15. der gute Wein/den guten Wein
16. des rauen Windes/die rauen Winde

14

1. Akkusativ Singular mask.: **animum** + novum, nostrum
2. Nominativ und Akkusativ Plural neutr.: **imperia** + tuta, tota, libera
3. Genitiv und Dativ Singular mask./Nominativ Plural mask.: **nautae** + misero, reliqui
4. Dativ (und Ablativ) Singular mask.: **viro** + bono, Graeco
   (Bei Menschen steht meist eine Präposition, die den Ablativ verlangt, wie z. B. cum, ab …)
5. Nominativ und Vokativ Singular mask.: **puer** + bone, parvus, nove, miser, meus
6. Genitiv Plural fem.: **insularum** + pulchrarum
7. Nominativ und Akkusativ Plural: **templa** + parva, reliqua, mea
8. Genitiv Singular: **consilii** + maximi, vestri

15

1. neuen, unseren Mut
2. die sicheren, gesamten, freien Reiche
3. dem armen Seemann, des übrigen Seemannes, die übrigen Seemänner

4. dem guten Mann, dem Griechen
5. Oh guter Junge, der kleine Junge, Oh neuer Junge, der arme Junge/Oh armer Junger, mein Junge
6. der schönen Inseln
7. die kleinen, übrigen, meine Tempel
8. des größten Beschlusses, eures Beschlusses

16

1. vitae tuae – deinem Leben
2. signis Graecis – mit den griechischen Zeichen
3. terram pulchram – die schöne Erde
4. poetae nostri – unsere Dichter
5. oppidorum novorum – der neuen Städte
6. poena magna – durch die große Strafe
7. libro antiquo – dem alten Buch
8. provincias vestras – eure Provinzen
9. pueri parvi – des kleinen Jungen
10. numerum magnum – die große Zahl
11. oracula Romana – die römischen Orakel
12. populorum multorum – zahlreicher Völker
13. praemia bona – die guten Preise
14. libro malo – durch das schlechte Buch
15. imperia magna – die großen Reiche
16. magistro Romano – dem römischen Lehrer
17. liberis meis – meinen Kindern
18. filiorum miserorum – der armen Söhne/Kinder
19. agricolam octavum – den achten Bauern
20. vino Romano – durch den römischen Wein
21. legatorum Graecorum – der griechischen Gesandten
22. fora antiqua – die alten Foren
23. horae primae – der ersten Stunde
24. causarum pristinarum – der alten Gründe
25. bella mala – die schlimmen Kriege
26. nautam asperum – den rauen Seemann
27. consiliorum tutorum – der sicheren Beschlüsse
28. copia summa – durch die größte Menge
29. monumenta pulchra – die schönen Monumente
30. aqua bona – durch das gute Wasser
31. filiae secundae – der zweiten Tochter
32. deo maximo – dem größten Gott

17

anno + novo, pulchro, bono – Dativ und Ablativ Singular mask. – dem neuen, schönen, guten Jahr/in dem neuen, schönen, guten Jahr (als Ablativus temporis übersetzt)
auxilia + magna – Nominativ und Akkusativ Plural neutr. – die großen Hilfstruppen
diem (kein passendes Adjektiv)
spes + magna, tuae, nostrae, multas – Nominativ Singular, Nominativ und Akkusativ Plural fem. – die große Hoffnung, deine Hoffnungen, unsere Hoffnungen, viele Hoffnungen
meridie + novo, pulchro, bono – Ablativ Singular mask. – an einem neuen, schönen, guten Mittag (als Ablativus temporis übersetzt)

nautae + novo, pulchro, bono, vestri – Dativ und Genitiv Singular, Nominativ Plural mask. – dem neuen, schönen, guten Seemann, eures Seemanns, eure Seemänner
vir + magne – Vokativ Singular mask. – Oh großer Mann
rerum + mearum – Genitiv Plural fem. – meiner Sachen
dies + magne, vestri – Vokativ Singular und Nominativ Plural mask. – Oh großer Tag, eure Tage

---

18

1. Akkusativ Singular fem.: **rem** + totam, primam
2. Genitiv und Dativ Singular mask.: **diei** + reliquo, tertio, libero, liberi, quanto
3. Genitiv und Dativ Singular, Nominativ Plural mask.:
   poetae + magni, Romani, alii, summo
4. Nominativ Singular, Nominativ und Akkusativ Plural fem.:
   res + totas, multae, alia, vestras
5. Genitiv Plural mask.: **liberorum** + (kein passendes Adjektiv!)
6. Ablativ Singular mask.: **meridie** + secundo, pulchro
7. Genitiv Singular und Nominativ Plural mask.: **filii** + parvi, maximi, Romani
8. Akkusativ Singular fem.: **spem** + tuam, pristinam

19

1. die ganze, erste Sache
2. dem übrigen, dritten, freien Tag, des freien Tages, dem wievielten Tag
3. des großen, römischen Dichters, die anderen Dichter, dem größten Dichter
4. alle Sachen, viele Sachen, die andere Sache, eure Sachen
5. der Kinder (kein passendes Adjektiv)
6. an dem zweiten, schönen Mittag (als Ablativus temporis übersetzt)
7. des kleinen, größten, römischen Sohnes; die kleinen, größten, römischen Söhne/Kinder
8. deine, die alte Hoffnung

20

1. falsch – Der Dativ lautet „rei".
2. falsch – „meridies" ist eine maskuline Ausnahme der E-Deklination.
3. richtig
4. falsch – Der Akkusativ Pl. lautet „consilia", da „consilium" ein Neutrum der O-Deklination ist.
5. falsch – Der Vokativ würde ebenfalls „vir" lauten. Nur die Maskulina auf -us der O-Deklination bilden den Vokativ auf -e.
6. richtig

Lösungswort: **SATURN** (Eine alte römische Gottheit, Vater des Zeus: Ihm zu Ehren wurde der Saturntempel auf dem Forum Romanum errichtet, wo die Staatskasse aufbewahrt wurde.)

21

1. consilio – kein Genitiv Singular
2. nautae – kein Ablativ Singular
3. sepulcris – kein Akkusativ Plural
4. tabulam – kein Genitiv Plural
5. auxilii – kein Akkusativ Plural

22

1. rei me**ae**
2. cornu long**um**/long**o**
3. domum vestr**am (!)**
4. dis mult**is**
5. meridie pulchr**o (!)**
6. porticus alt**a**/alt**ae**/alt**as (!)**
7. manuum tu**arum (!)**
8. signi nostr**i**
9. copiae magn**ae**
10. fagos summ**as (!)**
11. sperum miser**arum**
12. piratae stult**i (!)**
13. senatui Roman**o**
14. castra tot**a**
15. metus maxim**us**/maxim**i**/maxim**os**
16. verba asper**a**

23

1. meiner Sache (Genitiv und Dativ Singular fem.)
2. das lange Horn, dem langen Horn, durch das lange Horn (Nominativ, Dativ, Akkusativ, Ablativ Singular neutr.)
3. euer Haus
4. vielen Göttern
5. zur schönen Mittagszeit (als Ablativus temporis übersetzt)
6. die hohe Säulenhalle (Nominativ Singular fem.);
   der hohen Säulenhalle (Genitiv Singular fem.);
   die hohen Säulenhallen (Nominativ und Akkusativ Plural fem.)
7. deiner Hände
8. unseres Zeichens
9. der großen Menge, die großen Truppen (Genitiv und Dativ Singular, Nominativ Plural fem.)
10. die hohen Buchen
11. der armseligen Hoffnungen
12. des dummen Piraten, dem dummen Piraten, die dummen Piraten (Genitiv und Dativ Singular, Nominativ Plural mask.)
13. dem römischen Senat
14. die gesamten Lager
15. die größte Angst, der größten Angst, die größten Ängste (Nominativ und Genitiv Singular, Nominativ und Akkusativ Plural mask.)
16. raue Worte

24

1. feminin
2. dies, diei m – Tag; meridies, meridiei m – Mittag, Süden
3. cornu,-us n – Horn, Seite
4. maskulin
5. z. B. domus, -us f – Haus; manus, -us f – Hand, Schar; porticus, -us f – Säulenhalle; Idus, -uum f – Monatsmitte
6. zuhause
7. von zuhause weg
8. Mittag, Süden
9. z. B. agricola, -ae m – Bauer; poeta, -ae m – Dichter; nauta, -ae m – Seemann; pirata, -ae m – Seeräuber

---

25

1. Genitiv Singular, Nominativ und Akkusativ Plural fem. – **manus** + nudas, nostrae
2. Genitiv und Dativ Singular fem. – **rei** + vestrae
3. Nominativ und Akkusativ Plural fem. – **spes** + nostras, stultae
4. Genitiv Singular und Nominativ Plural mask. – **piratae** + stulti, cupidi
5. Nominativ und Akkusativ Plural mask. – **dies** + multos, longi
6. Genitiv Plural mask. – **metuum** + totorum

26

1. nachhause
2. zuhause
3. von zuhause weg

27

1. auctoritati magn**ae**
2. corpus tot**um**
3. manui tu**ae**
4. rerum parv**arum**
5. hostium mult**orum**
6. fines nov**i**/nov**os**
7. legiones Roman**ae**/Roman**as**
8. funera tot**a**
9. ponte parv**o**
10. obsidum Graec**orum**
11. mare nostr**um**
12. navi reliqu**ae**
13. honoribus summ**is**
14. morem vestr**um**
15. exercitu maxim**o**
16. pirata miser (!)

28

1. dem großen Ansehen (Dativ Singular fem.)
2. der/den ganzen Körper (Nominativ und Akkusativ Singular neutr.)
3. deiner Hand (Dativ Singular fem.)
4. der kleinen Dinge (Genitiv Plural fem.)
5. vieler Feinde (Genitiv Plural mask.)
6. das neue Gebiet (Nominativ und Akkusativ Plural mask.)
7. die römischen Legionen (Nominativ und Akkusativ Plural fem.)
8. die gesamten Begräbnisse (Nominativ und Akkusativ Plural neutr.)
9. durch die kleine Brücke (Ablativ Singular mask.)
10. der griechischen Geiseln (Genitiv Plural mask.)
11. unser Meer (Nominativ und Akkusativ Singular neutr.)
12. dem übrigen Schiff (Dativ Singular fem.)
13. den höchsten Ehren/mit den höchsten Ehren (Dativ und Ablativ Plural mask.)
14. eure Sitte (Akkusativ Singular mask.)
15. mit dem größten Heer (Ablativ Singular mask.)
16. der arme Seeräuber/armer Seeräuber! (Nominativ und Vokativ Singular mask.)

29

metui – loco – insulae: Dativ Singular
loco – agmine – morte – capite – love: Ablativ Singular
itinera – insulae – manus – mores – castra: Nominativ Plural
insulae – manus: Genitiv Singular
itinera – manus – mores – castra: Nominativ und Akkusativ Plural
acierum – auxiliorum: Genitiv Plural
manus – insulae: Genitiv Singular
flumen – oppidum – liber – manus: Nominativ Singular
flumen – oppidum: Nominativ und Akkusativ Singular

30

1. zuhause
2. z. B. flumen, -inis n – Fluss; tempus, -oris n – Zeit; genus, -eris n – Geschlecht; iter, itineris n – Weg, Reise, Marsch; ius, iuris n – Recht
3. Sg: vis, -, -, vim, vi Pl: vires, virium, viribus, vires, viribus
4. arbor, -oris f – Baum
5. mare – maria, animal – animalia
6. z. B. s, is; x, is; o, inis und io, ionis
7. Der Genitiv Plural endet auf **-ium**!
8. z. B. senator, -oris m – Senator; honos, -oris m – Ehre, Ansehen; miles, -itis m – Soldat; rex, regis m – König; sol, solis m – Sonne; pes, pedis m – Fuß

9. Die Endung **-ei** im Genitiv und Dativ Singular, sowie **-ebus** im Dativ und Ablativ Plural.
10. dies, diei m – Tag; meridies, -iei m – Mittag, Süden

31

1. moenia – kein Ablativ Singular
2. hostis – kein Akkusativ Plural
3. castra – kein Ablativ Singular
4. animalium – kein Akkusativ Singular
5. hostis – kein Dativ/Ablativ Plural

32

1. Nominativ und Akkusativ Singular neutr. – **facinus** + summum, magnum
2. Nominativ und Genitiv Singular, Nominativ und Akkusativ Plural mask. – **metus** + maximos, multi
3. Nominativ und Genitiv Singular mask. – **mensis** + totus, quarti
4. Nominativ und Genitiv Singular, Nominativ und Akkusativ Plural fem. – **manus** + meas, cupidae
5. Dativ und Ablativ Singular neutr. – **animali** + nostro
6. Ablativ Singular fem. – **civitate** + magna
7. Nominativ und Akkusativ Plural mask. – **comites** + nostri, alios
8. Genitiv Plural mask. – **finium** + vestrorum
9. Dativ Singular mask. – **ponti** + longo
10. Genitiv und Dativ Singular, Nominativ Plural mask. – **piratae** + Romano, Graeci

---

33

1. comitem nostrum – unseren Begleiter
2. more Romano – mit römischer Sitte/Brauch
3. turri alta – durch den hohen Turm
4. tempora antiqua – die alten Zeiten
5. mari aspero – durch das raue Meer
6. solum magnorum – der großen Sonnen
7. porticus longas – die langen Säulenhallen
8. mense septimo – im siebten Monat
9. virgini parvae – dem kleinen Mädchen
10. partes multas – die zahlreichen Teile

34

mare, maris n – Meer; animal, animalis n – Tier, Lebewesen
Ablativ Singular auf **-i** – mari, animali; Nominativ und Akkusativ Plural auf **-ia** – maria, animalia; Genitiv Plural auf **-ium** – marium, animalium

---

35

1. falsch – Der Akkusativ Plural lautet „viros“!
2. falsch – „arbor“ ist feminin!
3. falsch – Der Ablativ Singular lautet „animali“ (alte I-Deklination)!
4. richtig
5. richtig
6. richtig
7. falsch – Auch einige Neutra der MIKOs, wie z. B. tempus und genus, weisen ein -us im Nominativ auf!
8. richtig
9. falsch – „mons“ ist maskulin, das Adjektiv müsste daher „reliquum“ lauten!

Lösungswort: **SEPTIMIUS** (Name eines bedeutenden röm. Kaisers)

36

1. semoni longo – der langen Rede
2. urbe alta – durch die hohe Stadt
3. animali reliquo – durch das übrige Tier
4. virtutes nostras – unsere Tugenden
5. sanguinem totum – das ganze Blut
6. passibus multis – in vielen Doppelschritten
7. nominum vestrorum – eurer Namen
8. die tertio – am dritten Tag
9. vocibus solis – den einzelnen Stimmen
10. nautae Graeci – des griechischen Seemannes
11. os maximum – den größten Knochen/Mund

37

1. **-r, -ris** (z. B. auctor, -oris m – Urheber); **-os, -oris** (z. B. mos, moris m – Sitte, Brauch); **-es, -itis** (z. B. hospes, -itis m – Gastfreund)
2. **-s/-x, -is** (z. B. pars, partis f – Teil; lux, lucis f – Licht); **-o, -inis** (z. B. virgo, -inis f – Mädchen); **-io, -ionis** (z. B. legio, legionis f – Legion)
3. **-men, -inis** (z. B. nomen, nominis n – Name); **-us, -eris** (z. B. genus, -eris n – Geschlecht); **-us, -oris** (z. B. facinus, -oris n – Untat)

38

1. regi novo – dem neuen König
2. tempus longum – die lange Zeit
3. collis parvus/parvi – der kleine Hügel, des kleinen Hügels
4. rebus reliquis – den übrigen Sachen, durch die übrigen Sachen
5. partium multarum – der zahlreichen Teile
6. ora tota – die ganzen Münder, alle Gesichter
7. obsidi certo – der sicheren Geisel
8. monte alto – durch den hohen Berg
9. manus tua/tuae/tuas – deine Hand, deiner Hand, deine Hände

---

39

1. falsch – Es müsste „regi novo“ heißen, da „regi“ Dativ Singular maskulin ist!
2. falsch – Es müsste „tempus longum“ heißen, da tempus Nominativ/Akkusativ Singular neutrum ist.
3. richtig
4. falsch – Es müsste „fine medio“ heißen, da „finis“ maskulin ist!
5. falsch – Es müsste „libertati nostrae“ heißen, da „libertas“ feminin ist!
6. falsch – Es müsste „noctium longarum“ heißen, da „noctium“ der Genitiv Plural feminin von „nox“ ist.
7. richtig

40

1. dem neuen König
2. die lange Zeit
3. dem höchsten Dichter
4. durch die mittlere Grenze
5. unserer Freiheit
6. der langen Nächte
7. mit dem größten Horn

41

1. civitatem parvam – die kleine Stadt (Akkusativ Singular fem.)
2. pontes magni – die großen Brücken (Nominativ Plural mask.)
   metus magni – der großen Furcht, die großen Ängste (Genitiv Singular und Nominativ Plural mask.)
   solis magni – der großen Sonne (Genitiv Singular mask.)
   piratae magni – die großen Seeräuber (Nominativ Plural mask.)/
   des großen Seeräubers (Genitiv Singular mask.)
3. virtutum nostrarum – unserer Tugenden (Genitiv Plural fem.)
   rerum nostrarum – unserer Dinge (Genitiv Plural fem.)
4. artes pulchras – die schönen Künste (Akkusativ Plural fem.)
5. itinere aspero – durch den rauen Weg (Ablativ Singular neutr.)
   agricolae aspero – dem rauen Bauern (Dativ Singular mask.)
   mari aspero – dem rauen Meer, durch das raue Meer (Dativ und Ablativ Singular neutr.)
   tempori aspero – der rauen Zeit (Dativ Singular neutr.)
6. moenia summa – die höchsten Mauern (Nominativ und Akkusativ Plural neutr.)
   turris summa – der höchste Turm (Nominativ Singular fem.)
   itinera summa – die höchsten Wege (Nominativ und Akkusativ Plural neutr.)
7. rei vestrae – eurer Sache (Genitiv und Dativ Singular fem.)
   vires vestrae – eure Kräfte (Nominativ Plural fem.)
   manus vestrae – eurer Hand, eure Hände (Genitiv Singular und Nominativ Plural fem.)
   arboris vestrae – eures Baumes (Genitiv Singular fem.)
8. keine passenden Zuordnungen
9. rebus multis – vielen Dingen, durch viele Dinge (Dativ und Ablativ Plural fem.)
   legionibus multis – vielen Legionen, durch viele Legionen (Dativ und Ablativ Plural fem.)
10. exercitus stulti – des törichten Heeres, die törichten Heere (Genitiv Singular und Nominativ Plural mask.)
    regis stulti – des törichten Königs (Genitiv Singular mask.)
    piratae stulti – des törichten Seeräubers, die törichten Seeräuber (Genitiv Singular und Nominativ Plural mask.)

42

1. passus longos – die langen Doppelschritte
2. urbis pulchrae – der schönen Stadt
3. ponte summo – durch die höchste Brücke
4. regum Romanorum – der römischen Könige
5. poetam parvum – den kleinen Dichter
6. ripae altae – die hohen Ufer
7. pecus magnum – das große Vieh
8. obsidibus nostris – unseren Geiseln
9. (pro) liberis totis – für alle Kinder
10. pacis bonae – des guten Friedens
11. legiones Romanae – die römischen Legionen
12. magistratus reliquos – die übrigen Beamten
13. mense decimo – im zehnten Monat
14. libertati tuae – deiner Freiheit
15. metus maximos – die größten Ängste
16. iter asperum – die raue Reise
17. cornu parvum – das kleine Horn
18. solem summum – die höchste Sonne

19. aes pulchrum – das schöne Erz
20. morbo novo – der neuen Krankheit
21. iure Romano – mit römischem Recht
22. maria aspera – die rauen Meere
23. vires summas – die höchsten Kräfte
24. viros multos – viele Männer
25. cultus pristini – der alten Lebensweise
26. facinus totum – die ganze Untat
27. ordini meo – meinem Stand
28. gladio Graeco – mit dem griechischen Schwert
29. hominum miserorum – der armen Menschen
30. fonte primo – durch die erste Quelle

---

43 + 44

1. scutum vetus – Nominativ und Akkusativ Singular neutr. – der alte/den alten Schild
2. oraculo principi/principe – Dativ und Ablativ Singular mask. – dem ersten Orakel, durch das erste Orakel
3. passus magnus/magni/magni/magnos – Nominativ und Genitiv Singular und Nominativ und Akkusativ Plural mask. – der große Doppelschritt, des großen Doppelschrittes, die großen Doppelschritte
4. navi veteri – Dativ Singular fem. – dem alten Schiff
5. pacem longam – Akkusativ Singular fem. – den langen Frieden
6. reges divites – Nominativ und Akkusativ Plural mask. – die reichen Könige
7. viri victoris/victores – Genitiv Singular und Nominativ Plural mask. – des siegreichen Mannes, die siegreichen Männer
8. oppidis divitibus – Dativ und Ablativ Plural neutr. – den reichen Städten, durch die reichen Städte
9. partium principum – Genitiv Plural fem. – der ersten Teile
10. pede parvo – Ablativ Singular mask. – mit dem kleinen Fuß
11. animali veteri/vetere – Dativ und Ablativ Singular neutr. – dem alten Tier, durch das alte Tier
12. urbibus novis – Dativ und Ablativ Plural fem. – den neuen Städten, durch die neuen Städte
13. magistratus divitis/divites – Genitiv Singular und Nominativ und Akkusativ Plural mask. – des reichen Beamten, die reichen Beamten
14. more vetere – nach alter Sitte (Übersetzung als Ablativus modi)
15. agricolae paueris/pauperi/pauperes – Genitiv und Dativ Singular und Nominativ Plural mask. – des armen Bauern, dem armen Bauern, die armen Bauern
16. iudici misero – Dativ Singular mask. – dem armen Richter

45

1. falsch – metu **vetere** – durch die alte Furcht
2. richtig – exercitus victoris – des alten Heeres
3. richtig – poetae diviti – dem reichen Dichter
4. falsch – moribus **veteribus** – durch die alten Sitten
5. richtig – animali vetere – durch das alte Tier
6. falsch – liberi **pauperes** – die armen Kinder
7. falsch – monumentum **vetus** – das alte Monument
8. richtig – tempus victor – die siegreiche Zeit

46 Der Genitiv Plural der konsonantischen Adjektive lautet auf **-um**:
divitum, pauperum, victorum, veterum, principum

---

47 (a) poeta vetere – von dem alten Dichter
cultu vetere – wegen der alten Lebensweise (Übersetzung als Ablativus causae)
re vetere – durch die alte Sache
parte vetere – durch den alten Teil
(sine) animali vetere – ohne das alte Tier
(in) vico vetere – in dem alten Dorf

---

48 divit**a**, pauper**a**, victor**a**, veter**a**, princip**a**

49

1. orbium parvorum – Genitiv Plural mask. – der kleinen Kreise
2. voce pristina – Ablativ Singular fem. – durch die alte Stimme
3. spes dives/divites – Nominativ Singular und Nominativ und Akkusativ Plural fem. – die reiche Hoffnung, die reichen Hoffnungen
4. urbes propinquae/propinquas – Nominativ und Akkusativ Plural fem. – die nahen Städte
5. nomen princeps – Nominativ und Akkusativ Singular neutr. – der erste Name, den ersten Namen
6. navium pauperum – Genitiv Plural fem. – der armseligen Schiffe
7. pontes proximi/proximos – Nominativ und Akkusativ Plural mask. – die nächsten Brücken
8. os vetus – Nominativ und Akkusativ Singular neutr. – der alte Knochen, den alten Knochen/der alte Mund, den alten Mund
9. pecus pauper – Nominativ und Akkusativ Singular neutr. – das arme Vieh
10. hosti victori – Dativ Singular mask. – dem siegreichen Feind

---

50

1. rei + magnae, principis, veteris
2. uxori + pauperi, optimae, diviti
3. ignis + veteris, principis, propinqui
4. memoriam + pristinam, veterem, longam
5. voci + inusitatae, principi, miserae
6. mense + tertio, vetere, novo
7. cultus + nostri, pauperis, Romani
8. funus + pauper, publicum, dives

51

1. der großen, ersten, alten Sache
2. der armen, besten, reichen Frau
3. des alten, ersten, nahen Feuers
4. die frühe, alte, lange Erinnerung
5. der ungewöhnlichen, ersten, armen Stimme
6. im dritten, alten, neuen Monat
7. unserer, der armen, römischen Lebensweise
8. das armselige, öffentliche, reiche Begräbnis

52

1. Konsonantische Adjektiva mit „i"-Einfluss.
2. Mit den konsonantischen Adjektiven.
3. Im Ablativ Singular auf **-i**, Nominativ, Akkusativ (Vokativ) Plural auf **-ia**, Genitiv Plural auf **-ium**.

53 Singular:

	vetus, veteris			**fortis, -e**		
	mask.	fem.	neutr.	mask.	fem.	neutr.
Nominativ	vetus	vetus	vetus	fortis	fortis	forte
Genitiv	veteris	veteris	veteris	fortis	fortis	fortis
Dativ	veteri	veteri	veteri	forti	forti	forti
Akkusativ	veterem	veterem	vetus	fortem	fortem	forte
Ablativ	veter**e**	veter**e**	veter**e**	fort**i**	fort**i**	fort**i**

Plural:

	mask.	fem.	neutr.	mask.	fem.	neutr.
Nominativ	veteres	veteres	veter**a**	fortes	fortes	fort**ia**
Genitiv	veter**um**	veter**um**	veter**um**	fort**ium**	fort**ium**	fort**ium**
Dativ	veteribus	veteribus	veteribus	fortibus	fortibus	fortibus
Akkusativ	veteres	veteres	veter**a**	fortes	fortes	fort**ia**
Ablativ	veteribus	veteribus	veteribus	fortibus	fortibus	fortibus

---

54 BEACHTE: **omnis, -e – Sg: jeder, ganz; Pl.: alle**

1. omni regi – Dativ Singular mask. – jedem König
2. omni hosti – Dativ Singular mask. – jedem Feind
3. omni tempore – Ablativ Singular neutr. – zu jeder Zeit (Übersetzung als Ablativus temporis)
4. omni rei – Dativ Singular fem. – jeder Sache
5. omni agricolae – Dativ Singular mask. – jedem Bauern
6. omni foro – Dativ Singular neutr. – dem ganzen Forum
   (in) omni foro – Ablativ Singular neutr. – auf dem ganzen Forum
7. omni parte – Ablativ Singular fem. – durch jeden/den ganzen Teil
8. (in) omni tabula – Ablativ Singular fem. – auf der ganzen Karte
9. omni praemio – Dativ Singular neutr. – jedem, dem ganzen Preis/
   Ablativ Singular neutr. – durch jeden/den ganzen Preis

55

1. voce mea – durch meine Stimme
2. montes omnes – alle Berge
3. itinera similia – ähnliche Wege
4. consilium prudens – den klugen Beschluss
5. ordines totos – die gesamten Reihen
6. facinus turpe – die hässliche Untat
7. tempus celere – die schnelle Zeit
8. metuum summorum – der größten Ängste
9. parti proximae – dem nächsten Teil
10. ducum fortium – der tapferen Führer
11. ius vetus – das alte Recht
12. morte celeri – durch den schnellen Tod
13. os dulce – den süßen Mund
14. die principe – am ersten Tag
15. agmen celebre – den berühmten Heereszug
16. bellorum acrium – der heftigen Kriege
17. soli omni – der ganzen Sonne
18. pede celeri – mit schnellem Fuß

19. civitas pauper – die arme Stadt
20. (ab) omni consule – von jedem Konsul
21. rebus multis – vielen Dingen
22. arbores altas – die hohen Bäume
23. maria aspera – die rauen Meere
24. capite prudenti – mit klugem Kopf
25. castra similia – ähnliche Lager
26. dis immortalibus – den unsterblichen Göttern
27. corpus grave – den schweren Körper
28. nautae veteris – des alten Seemannes

---

56 **filiae** + simillimae, feliciori, prudentiori, similiori, feliciores (Genitiv, Dativ Singular und Nominativ Plural fem.)
arbores + simillimae, pulcherrimas, feliciores (Nominativ und Akkusativ Plural fem.)
regum + prudentiorum, fortissimorum (Genitiv Plural mask.)

57

1. amicum fortem + fortiorem, fortissimum – den starken, stärkeren, stärksten Freund
2. consuli iusto + iustiori, iustissimo – dem gerechten, gerechteren, gerechtesten Konsul
3. iter facile + facilius, facillimum – der/den leichte/n, leichtere/n, leichteste/n Weg
4. ponte alto + altiore, altissimo – durch die hohe, höhere, höchste Brücke
5. nomen simile + similius, simillimum – der/den ähnliche/n, ähnlichere/n, ähnlichste/n Namen
6. uxorum felicium + feliciorum, felicissimarum – der glücklichen, glücklicheren, glücklichsten Frauen
7. legiones celeres + celeriores, celerrimae/celerrimas – die schnellen, schnelleren, schnellsten Legionen
8. proelia acria + acriora, acerrima – die heftigen, heftigeren, heftigsten Schlachten
9. consilii prudentis + prudentioris, prudentissimi – des klugen, klügeren, klügsten Rates
10. poetae pauperi + pauperiori, pauperrimo – dem armen, ärmeren, ärmsten Dichter

---

58

1. amicum bonum + meliorem, optimum – den guten, besseren, besten Freund
2. virgini magnae + maiori, maximae – dem großen, größeren, größten Mädchen
3. facinora mala + peiora, pessima – die üblen, übleren, übelsten Untaten
4. rei parvae + minoris/minori, minimae – der kleinen, kleineren, kleinsten Sache
5. auxilia multa + plura, plurima – viele, mehrere, die meisten Hilfstruppen
6. arborum magnarum + maiorum, maximarum – der großen, größeren, größten Bäume

---

59

1. matrem prudentem, prudentiorem, prudentissimam
2. metus magni, maiores, maximi
3. rei difficili, difficiliori, difficillimae
4. facinus malum, peius, pessimum
5. maria parva, minora, minima
6. magistratuum bonorum, meliorum, optimorum
7. (cum) hoste celeri, celeriore, celerrimo
8. mortem tristem, tristiorem, tristissimam
9. omni mense
10. temporibus longis, longioribus, longissimis
11. os simile, similius, simillimum
12. auxilii celeris, celerioris, celerrimi

13. exercituum fortium, fortiorum, fortissimorum
14. fines multos, plures, plurimos
15. virtute immortali
16. obsidum celebrium, celebriorum, celeberrimorum
17. praemia magna, maiora, maxima
18. vinum vetus (selten: vetustiorem, veterrimum)
19. vocibus turpibus, turpioribus, turpissimis
20. (de) senatore malo, peiore, pessimo
21. Iovis summi
22. di crudeles, crudeliores, crudelissimi
23. virgines pulchras, pulchriores, pulcherrimas
24. manum liberam
25. regis iusti, iustioris, iustissimi
26. urbibus celebribus, celebrioribus, celeberrimis

60

1. die kluge, klügere, klügste Mutter
2. die großen, größeren, größten Ängste
3. der schwierigen, schwierigeren, schwierigsten Sache
4. die üble, üblere, übelste Untat
5. die kleinen, kleineren, kleinsten Meere
6. der guten, besseren, besten Beamten
7. mit dem schnellen, schnelleren, schnellsten Feind
8. den traurigen, traurigeren, traurigsten Tod
9. in jedem Monat
10. den langen, längeren, längsten Zeiten
11. den ähnlichen, ähnlicheren, ähnlichsten Knochen/Mund
12. der schnellen, schnelleren, schnellsten Hilfe
13. der tapferen, tapfereren, tapfersten Heere
14. viele, mehrere, die meisten Grenzen (eig. Gebiete!)
15. durch die unsterbliche Tapferkeit/Tugend
16. der berühmten, berühmteren, berühmtesten Geiseln
17. die großen, größeren, größten Preise
18. den alten, älteren, ältesten Wein
19. den hässlichen, hässlicheren, hässlichsten Stimmen
20. über den schlechten, schlechteren, schlechtesten Senator
21. des höchsten Jupiter
22. die grausamen, grausameren, grausamsten Götter
23. die schönen, schöneren, schönsten Mädchen
24. die freie Hand
25. des gerechten, gerechteren, gerechtesten Königs
26. den berühmten, berühmteren, berühmtesten Städten

61

1. bonus, malus, magnus, parvus, multum, multi
2. Alle Adjektiva, die im Nominativ Singular mask. auf **-er** enden, wie z. B. pulcher, acer …
3. facilis, difficilis, similis, dissimilis, humilis

62

1. rei simillimae – der ähnlichsten Sache, oppidum maius – die größere Stadt, arte omni – mit jeder Kunst
2. keine Übereinstimmung
3. manus maiores – die größeren Hände/Scharen, litterae plures – mehrere Briefe

63
1. dem ziemlich großen Mann, dem sehr großen Mann
2. die ziemlich schnellen Legionen, die sehr schnellen Legionen
3. das ziemlich gute Mädchen, das sehr gute Mädchen
4. die ziemlich schweren Untaten, die sehr schwer wiegenden Untaten
5. den ziemlich starken Jupiter, den sehr starken Jupiter
6. der ziemlich klugen Frauen, der sehr klugen Frauen

64
1. puellarum meliorum – Genitiv Plural fem. – der besseren Mädchen
   navium meliorum – Genitiv Plural fem. – der besseren Schiffe
2. templum simile – Nominativ und Akkusativ Singular neutr. – der/den ähnlichen Tempel
   ius similie – Nominativ und Akkusativ Singular neutr. – das ähnliche Recht
3. uxorum prudentium – Genitiv Plural fem. – der klugen Frauen
   virorum prudentium – Genitiv Plural mask. – der klugen Männer
4. rei peiori – Dativ Singular fem. – der schlechteren Sache
   magistro peiori – Dativ Singular mask. – dem schlechteren Lehrer
   metui peiori – Dativ Singular mask. – der übleren Angst
   nautae peiori – Dativ Singular mask. – dem schlechteren Seemann
5. omnium locorum – Genitiv Plural mask. – aller Stellen/Orte
6. metu maiore – Ablativ Singular mask. – durch die größere Furcht
   turri maiore – Ablativ Singular fem. – durch den größeren Turm
7. gladio graviori – Dativ Singular mask. – dem schwereren Schwert
   statuae graviori – Dativ Singular fem. – der schwereren Statue
   manui graviori – Dativ Singular fem. – der schwereren Hand
8. pugna turpi – Ablativ Singular fem. – durch den schändlichen Kampf
   morte turpi – Ablativ Singular fem. – durch den schändlichen Tod
   proelio turpi – Ablativ Singular neutr. – durch die schändliche Schlacht
9. amicis pluribus – mehreren Freunden
10. liberi felices – Nominativ Plural mask. – die glücklichen Kinder
    agricolae felices – Nominativ Plural mask. – die glücklichen Bauern

65
1. viro + meliori, maiore – Dativ und Ablativ Singular mask. – dem besseren Mann, (cum) mit dem größeren Mann
2. rebus + optimis – Dativ und Ablativ Plural fem. – den besten/mit den besten Sachen
3. nautae + Romano, fortes – Dativ Singular und Nominativ Plural mask. – dem römischen Seemann, die tapferen Seemänner
4. exercitus + celeris, acres – Genitiv Singular und Nominativ/Akkusativ Plural mask. – des schnellen Heeres, die wilden Heere
5. maris + nostri – Genitiv Singular neutr. – unseres Meeres
6. signum + simile – Nominativ und Akkusativ Singular neutr. – das ähnliche Zeichen
7. virtute + simili – Ablativ Singular fem. – durch ähnliche Tapferkeit/Tugend
8. spe + parva, omni – Ablativ Singular fem. – durch die kleine/jede Hoffnung
9. fines + toti, longos – Nominativ und Akkusativ Plural mask. – das ganze Gebiet, das lange Gebiet
10. iuri + aspero – Dativ Singular neutr. – dem rauen Recht

66
1. richtig – die tapfereren Seeräuber
2. richtig – der schlechtere Rat, den schlechteren Rat
3. falsch – magistratu minor**e** – durch den kleineren Beamten
4. falsch – paci difficilior**i** – dem schwierigeren Frieden

5. falsch – oraculum meli**us** – das bessere Orakel
6. falsch – nave celerior**e** – durch das schnellere Schiff
7. richtig – des tapfereren Heeres
8. falsch – regem prudentior**em** – den klügeren König
9. richtig – der/den größeren Preis

67

1. ponte simili, similiore, simillimo
2. scuta magna, maiora, maxima
3. passibus multis, pluribus, plurimis
4. imperatori parvo, minori, minimo
5. animalia mala, peiora, pessima
6. finium veterum, vetustiorum, veterrimorum
7. omni libertate
8. morem turpem, turpiorem, turpissimum
9. cultus dissimilis, dissimilioris, dissimillimi
10. memoria immortali
11. iura multa, plura, plurima
12. ori/ossi parvo, minori, minimo
13. vires fortes, fortiores, fortissimas
14. genera multa, plura, plurima
15. turrim altam, altiorem, altissimam
16. ducum prudentium, prudentiorum, prudentissimorum
17. arbori magnae, maiori, maximae
18. omnium dierum
19. legionibus celeribus, celerioribus, celerrimis
20. manus multas, plures, plurimas

68

1. durch die ähnliche, ähnlichere, ähnlichste Brücke
2. die großen, größeren, größten Schilde
3. durch viele, mehrere, die meisten Doppelschritte
4. dem kleinen, kleineren, kleinsten Feldherren
5. die bösen, böseren, bösesten Tiere
6. des alten, älteren, ältesten Gebietes
7. durch jede Freiheit
8. die hässliche, hässlichere, hässlichste Sitte
9. der unähnlichen, unähnlicheren, unähnlichsten Lebensweise
10. durch das unsterbliche Gedächtnis
11. viele, mehrere, die meisten Rechte
12. dem kleinen, kleineren, kleinsten Mund/Knochen
13. die starken, stärkeren, stärksten Kräfte/Truppen
14. viele, mehrere, die meisten Geschlechter
15. den hohen, höheren, höchsten Turm
16. der klugen, klügeren, klügsten Führer
17. dem großen, größeren, größten Baum
18. aller Tage
19. durch die schnellen, schnelleren, schnellsten Legionen
20. viele, mehrere, die meisten Scharen (Hände)

69

■	■	(1) A	(2) R	T	E	■	(3) P	E	(4) I	O	R	■	(5) I	■	■	■
■	(6) O	■	E	■	■	(7) M	E	T	U	S	■	(8) I	■	(9) U	■	(10) F
■	B	(11) I	I	■	(12) V	E	T	U	S	■	■	O	(13) T	S	(14) P	O
(15) E	S	■	■	(16) S	O	L	E	M	■	(17) Z	■	R	U	■	A	R
■	I	■	(18) D	I	E	I	■	■	(19) I	U	S	■	R	(20) I	U	T
■	(21) D	I	■	■	(22) D	O	(23) M	O	■	H	■	■	P	S	P	I
■	(24) U	I	■	(25) A	E	R	I	■	(26) M	A	R	C	E	■	E	A
(27) E	M	■	(28) O	R	E	■	N	■	(29) D	U	C	I	■	(30) O	R	■
■	■	■	■	■	(31) P	L	U	(32) R	E	S	■	■	(33) U	■	U	(34) A
(35) E	M	■	(36) U	M	■	■	S	E	■	(37) E	R	U	M	■	M	E
(38) M	E	L	I	O	R	A	■	I	■	■	(39) U	S	■	(40) U	■	S
■	■	(41) D	I	V	I	T	E	■	(42) F	O	R	T	I	■	■	■

Lösung: FORTUNA FORTES ADIUVAT – Das Glück hilft den Tüchtigen (eig.: Starken).

70

1. Adverb im Positiv (Komparativ, Superlativ) – Das Mädchen eilte **schnell** (schneller, am schnellsten – Umschreibung: ziemlich schnell, sehr schnell) nach Hause.
2. Adjektiv im Superlativ – Alexander liebte sein **sehr schnelles** Pferd (Umschreibung!) sehr.
3. Adjektiv im Komparativ – Cäsar führte **schnellere** (Umschreibung: ziemlich schnelle) Legionen nach Gallien.
4. Adverb im Superlativ – Die Kinder grüßten die Freunde **sehr glücklich** (Umschreibung!).
5. Adjektiv im Superlativ – Die Bürger hielten die **wildesten** (Umschreibung: äußerst wilden) Feinde von der Stadt ab.
6. Adjektiv im Komparativ – Die Feinde umzingelten die **größere** (Umschreibung: ziemlich große) Stadt.

71

felix – feliciter – felicius – felicissime
prudens – prudenter – prudentius – prudentissime
longus – longe – longius – longissime
facilis – facil**e** (!) – facilius – facillime
bonus – bene – melius – optime
iustus – iuste – iustius – iustissime
acer – acriter – acrius – acerrime
gravis – graviter – gravius – gravissime
malus – male – peius – pessime
celer – celeriter – celerius – celerrime

72 glücklich – glücklicher (ziemlich glücklich) – am glücklichsten (sehr glücklich)
klug – klüger (ziemlich klug) – am klügsten (sehr klug)
weit – weiter (ziemlich weit) – am weitesten (sehr weit)
leicht – leichter (ziemlich leicht) – am leichtesten (sehr leicht)
gut – besser (ziemlich gut) – am besten (sehr gut)
gerecht – gerechter (ziemlich gerecht) – am gerechtesten (sehr gerecht)
wild – wilder (ziemlich wild) – am wildesten (sehr wild)
schwer – schwerer (ziemlich schwer) – am schwersten (sehr schwer)
schlecht – schlechter (ziemlich schlecht) – am schlechtesten (sehr schlecht)
schnell – schneller (ziemlich schnell) – am schnellsten (sehr schnell)

73

1. An den Nominativ/Akkusativ Singular neutrum des Komparativs: z. B. **pulchrius** monumentum (hier Adjektiv: das **schönere** Denkmal) oder **pulchrius** dixit (hier Adverb: Er sprach **schöner** ...).
2. facile (Ausnahme!)
3. Die Form „facile“ könnte das Neutrum des Adjektivs sein!
4. Das Adverb ist eine fixe Form. Es gibt an, auf welche Art und Weise etwas geschieht, ist steigerbar, hat aber immer nur eine fixe Form für Positiv, Komparativ, Superlativ. Das Adjektiv passt sich meist an ein Nomen an. Es beschreibt die Eigenschaft eines Nomens und ist in allen Fällen deklinier- und steigerbar.

74

1. meridie – Ablativus temporis (Wann?) – zu Mittag
2. morbo gravi – Ablativus causae (Warum?) oder Ablativus instrumenti (Wodurch?) – aufgrund einer schweren Krankheit, durch eine schwere Krankheit
3. amore – Ablativus instrumenti (Wodurch?) – durch/mit großer Liebe
4. voce pulchra – Ablativus modi (Wie?) oder Ablativus instrumenti (Wodurch?) – mit einer schönen Stimme
5. ingenio magno – Ablativus limitationis (In welcher Hinsicht?) oder Ablativus instrumenti (Wodurch?) – hinsichtlich/mit seiner großen Begabung
6. aliis – Ablativus comparations (Als wer oder was?) – als die anderen
7. mense proximo – Ablativus temporis (Wann?) – im nächsten Monat
8. magnis viribus – Ablativus instrumenti (Wodurch?) – mit seinen großen Kräften
9. summa prudentia – Ablativus qualitatis (Von welcher Eigenschaft?) – von großer Klugheit
10. nostris temporibus – Ablativus temporis (Wann?) – in unserer Zeit

---

75

1. deorum – Genitivus possessivus (Wessen Besitz?) – (die Tempel) der Götter
2. uxoris – Genitivus possessivus (Wessen Besitz?) – (die Liebe) der Frau oder Genitivus obiectivus (Wem gegenüber?) – (die Liebe) **zu** seiner Frau
3. nostrum – Genitivus partitivus (Von welcher Menge?) – (niemand) von uns
4. magni ingenii – Genitivus qualitatis (Von welcher Eigenschaft?) – (Leonardo da Vinci war) von großer Begabung
5. hostium – Genitivus obiectivus (Wem gegenüber?) – (durch den Zorn) **auf** die Feinde
6. magnae pulchritudinis – Genitivus qualitatis (Von welcher Eigenschaft?) – (die Göttin Venus war) von großer Schönheit
7. patris – Genitivus possessivus (Wessen Besitz?) – (das Landhaus) des Vaters
8. senatus – Genitivus possessivus (Wessen Besitz?) – (die Beschlüsse) des Senats

76

1. Cornelio – Dativus possessivus (Wem gehörig?) – Die schönen Schiffe sind dem Cornelius. – Die schönen Schiffe gehören **dem Cornelius**.
2. nobis – Dativ auctoris (Von wem?) – Diese Dinge sind uns zu tun. – Die Dinge müssen **von uns** gemacht werden.
3. omnibus – Dativus commodi (Für wen?) – allen
   maximo odio – Dativus finalis (Wozu?) – zu größtem Hass
   Die Grausamkeit des Tyrannen war allen zu größtem Hass. – Alle hassten die Grausamkeit des Tyrannen sehr.
4. vobis – Dativus possessivus (Wem gehörig?) – Welche Sachen gehören **euch**?
5. legionibus – Dativus auctoris (Von wem?) – Die Feinde sind **den Legionen** von der Stadt abzuhalten – Die Feinde müssen **von den Legionen** von der Stadt abgehalten werden.
6. multis senatoribus – Dativus commodi (Für wen?) – vielen Senatoren
   invidiae – Dativus finalis (Wozu?) – zu Neid
   Die Herrschaft Cäsars war **vielen Senatoren zu Neid**. – Viele Senatoren beneideten Cäsar um die Herrschaft.
7. Pompeio – Dativus possessivus (Wem gehörig?) – **Dem Pompeius** waren viele Legionen. – Pompeius hatte viele Legionen.
8. amicis – Dativ auctoris (Von wem?) – Ein Beschluss war **den Freunden** zu fassen. – Ein Beschluss musste **von den Freunden** gefasst werden.

77

1. amicos – AcI-Subjekt (Wer oder was? – im AcI!) – Wir wissen, dass **die Freunde** nach Sizilien gelangt sind.
2. multos dies – Akkusativ der Raum- und Zeitstrecke (Wie weit/lange?) – Markus marschierte **viele Tage** nach Gallien.
3. Corneliam – AcI-Subjekt (Wer oder was? – im AcI!) – Ihr habt gelesen, dass **Cornelia** ihren Mann sehr geliebt hat.
4. filium – AcI-Subjekt (Wer oder was? – im AcI!) – Septimius sagte, dass **sein Sohn** die Bücher nicht sorgfältig gelesen hatte.

78

1. Athenas
2. Romam
3. Vindobonae
4. Athenis
5. Delphis

79

ante templ**um**	vor dem Tempel
pro de**o**	für den Gott
venimus ad templ**um**	wir kommen zum Tempel
de imperator**e**	über den Feldherren
in Itali**am** (WOHIN?)	nach Italien
in flumin**e** (WO?)	im Fluss
ad tabul**am**	zur Tafel
ex Austri**a**	aus Österreich
apud for**um**	zum Forum
in templ**um** (WOHIN?)	in den Tempel
sine amic**a**	ohne Freundin
de imperi**o**	über das Reich
ad amic**um**	zum Freund

in nav**em** (WOHIN?)	auf das Schiff
sub pont**e**	unter der Brücke
in nav**e** (WO?)	im Schiff
sine fratr**e**	ohne den Bruder
pro soror**e**	für die Schwester
ad soror**em**	zur Schwester
in oppid**o** (WO?)	in der Stadt
sumus in schol**a**	wir sind in der Schule
imus in schol**am**	wir gehen in die Schule

80

1. Discipuli in Itali**am** migrant. – Die Schüler reisen nach Italien.
2. In for**um** Roman**um** contendunt et templa vident. –
Sie eilen auf das Forum Romanum und sehen die Tempel.
3. Ante templ**um** Saturni sunt et ornamenta pulchra vident. –
Sie sind vor dem Tempel des Saturn und sehen die schönen Verzierungen.
4. Deinde ad basilic**am** Iuli**am** et in templ**um** Iani contendunt. –
Dann eilen sie zur Basilika Julia und in den Tempel des Janus.
5. Nunc in templ**o** Iani sunt. – Nun sind sie im Tempel des Janus.
6. Clemens sororem Victoriam ante templ**um** Saturni quaerit. –
Clemens sucht seine Schwester Viktoria vor dem Tempel des Saturn.
7. Deinde in for**um** Roman**um** contendit. – Dann eilt er auf das Forum Romanum.
8. Victoria in templ**o** Saturni non est. – Viktoria ist nicht im Tempel des Saturn.
9. In basilic**a** Iuli**a** soror non est. – Die Schwester ist nicht in der Basilika Julia.
10. E for**o** in Aventin**um**, deinde in Quirinalem venit. –
Vom Forum kommt er auf den Aventin, dann auf das Quirinal.

11. Quis sub pont**e** est? – Wer ist unter der Brücke?
12. Pontem in tabul**a** non videmus! – Wir sehen die Brücke nicht auf der Tafel.
13. Discipuli e templ**o** in basilic**am** veniunt. –
Die Schüler kommen aus dem Tempel in die Basilika.
14. Magister cum discipul**is** domum venit. –
Der Lehrer kommt mit den Schülern nachhause.

15. Nobis placet in Itali**a** esse et in mar**i** ludere. –
Es gefällt uns in Italien zu sein und im Meer zu spielen.
16. Quam pulchra sunt monumenta in Itali**a**! – Wie schön sind die Denkmäler in Italien!
17. Sine amic**o** a templ**o** Saturni ad pont**em** imus. –
Ohne Freund gehen wir vom Tempel des Saturn zur Brücke.
18. Magister nobis saepe de imperi**o** Roman**o** narrat. –
Der Lehrer erzählt uns oft vom Römischen Reich.

81

1. Ich sehe euch.
2. Der Freund kommt mit mir in die Schule.
3. Viele bringen mir Hilfe.
4. Ein Brief wird mir von dir geschickt.
5. Ihr kommt mit mir.
6. Ich eile oft zur Basilika, ihr aber geht zum Landhaus!
7. Ihr seht uns vor unserem Haus.
8. Die Sklaven kommen uns zu Hilfe.

82 1. Quintus in horto sedet. **Eum** video. – Quintus sitzt im Garten. Ich sehen **ihn**.
2. Amicae in scholam eunt. **Eas** video. –
Die Freundinnen gehen in die Schule. Ich sehe **sie**.
3. Asterix a Romanis non superabatur. In pictura **eum** video. –
Asterix wurde von den Römern nicht besiegt. Auf dem Bild sehe ich **ihn**.
4. Mater domum venit. Librum **ei** do. –
Die Mutter kommt nach Hause. Ich gebe **ihr** ein Buch.
5. Omnes amici discere debent. Librum **iis** do. –
Alle Freunde müssen lernen. Ich gebe **ihnen** ein Buch.

---

83 consilii **eius** – dieses Plans
finibus **iis** – diesen Grenzen
obsidum **eorum** – dieser Geiseln
regis **eius** – dieses Königs
amico **ei** – diesem Freund
civitatem **eam** – dieser Gemeinde
hostes **eos** – diese Feinde
urbium **earum** – dieser Städte

---

84 1. Video patrem tuum.
2. Du eilst zu unserer Schule.
3. Ich zeige dir auf dem Forum meinen Freund.
4. Ich gebe euren Freunden eine Nuss.
5. Ich sehe deinen Freund bei der Rednertribüne.
6. Wer sind eure Freunde?

---

85 Unser Freund eilt mit seiner Schwester auf das Forum. Dort findet er Felix und dessen Mutter. Alle gehen in die Säulenhalle der Oktavia und kommen mit ihren Freunden zusammen. Einer von den Freunden ruft: „Seht die Freunde und deren Frauen und Kinder! Wir mögen unsere Freunde und deren Familie gern!“

---

86 1. Cornelia und deren Bruder gehen in die Schule.
2. Diese sind meine Freundinnen. Diese sind deren Brüder.
3. Mein Bruder geht nachhause. Ich sehe dessen Freund mit ihm gehen.
4. Die Freundinnen kommen zum Haus meiner Familie. Deren Brüder blieben bei ihren Eltern.

---

87 illum virum – jenen Mann
id oppidum – diese Stadt
cum hoc imperatore – mit diesem Feldherren
illae mulieres – jene Frauen
illorum Romanorum – jener Römer (Gen. Pl.!)
eundem hostem – denselben Feind
idem senator – derselbe Senator
eos equos – diese Pferde
hanc fabulam – diese Geschichte
earum sororum – dieser Schwestern
cum iisdem amicis – mit denselben Freunden
huic puero – diesem Buben

88
1. Caesar selbst kam nach Gallien.
2. Wer sieht diesen Mann nicht? Dieser Mann ist weise!
3. Alle Gallier kämpften gegen denselben Feind.
4. Caesar verhandelte mit Vercingetorix selbst nicht über den Frieden.
5. Viele Menschen mögen dieselben Dinge.
6. Tantalus wurde in die Unterwelt geschickt. Jener musste viele Strafe erleiden.
7. Der römische Feldherr verlor alle Schiffe und wurde selbst getötet.
8. Zirze verwandelte die Griechen in Tiere. Odysseus selbst verwandelte sie nicht.

89

	Nominativ	Genitiv	Dativ	Akkusativ	Ablativ
Singular	haec (f)	huius, eius, illius (m, f, n)	ipsi, huic (m, f, n)	illam (f), hunc (m), eundem (m) illum (m)	hac (f), ipso (m, n)
Plural	haec (n), hi (m)	earundem (f), ipsorum (m, n), illorum (m, n)		eos (m), illas (f), haec (n)	

90
1. eos hostes – diese Feinde
2. ei hosti – diesem Feind
3. eam amicam – diese Freundin
4. eo cultu – durch diese Lebensweise
5. haec arma – diese Waffen
6. iis magistratibus – diesen Beamten
7. populus noster – unser Volk
8. illis armis – mit jenen Waffen
9. eorum obsidum – dieser Geiseln
10. is magistratus – dieser Beamte
11. populos nostros – unsere Völker
12. ea arma – diese Waffen
13. earum amicarum – dieser Freundinnen
14. populi nostri – unseres Volkes
15. eos obsides – diese Geiseln

91
1. Der Mann, den du siehst, ist mein Vater.
2. Corinna, die die Mutter des Publius ist, kommt in den Tempel.
3. Meine Freundin, der ich ein neues Buch gab, weiß nun alles.
4. Theseus, den ihr auf dem Bild seht, war ein großer Held.
5. Die Gallier, über die wir viel gehört haben, waren unbesiegbar.
6. Paulus ist mein Freund, mit dem ich im Sinn habe, nach Italien zu fahren.
7. Publius, dessen Geschrei ihr hört, sehen wir nicht.
8. Die Gebäude, die zum Marktplatz gehören, sind groß.
9. Der König, der die Arbeit sieht, tadelt den Sklaven bisweilen.
10. Ihr seht die Buben, die einige Ziegen hüten.

92
1. Milites, **quibus** imperator multa praemia dat, fortius pugnant.
   Die Soldaten, denen der Feldherr viele Auszeichnungen gibt, kämpfen tapferer.
   Deutsches Relativpronomen: **denen = 3. Fall Plural, maskulin**
   Worauf bezieht sich das Relativpronomen? – auf **milites**
   Geschlecht muss im Lateinischen **maskulin** sein.

2. Hostes vires maximas, **quas** milites sibi paraverant, maxime timuerunt.
   Die Feinde fürchteten die sehr großen Kräfte, die sich die Soldaten erworben hatten, sehr.
   Deutsches Relativpronomen: **die = 4. Fall Plural, feminin**
   Worauf bezieht sich das Relativpronomen? – auf **vires**
   Geschlecht muss im Lateinischen **feminin** sein.
3. Bella, **quae** Galli contra Romanos gesserunt, crudelia fuerunt.
   Die Kriege, die die Gallier gegen die Römer führten, waren grausam.
   Deutsches Relativpronomen: **die = 4. Fall Plural, maskulin**
   Worauf bezieht sich das Relativpronomen? – auf **bella**
   Geschlecht muss im Lateinischen **neutrum** sein.
4. C. Iulius Caesar, **cuius** milites fortiter pugnaverunt, fortissimus imperator fuit.
   Gaius Julius Caesar, dessen Soldaten tapfer kämpften, war ein sehr tapferer Feldherr.
   Deutsches Relativpronomen: **dessen = 2. Fall Singular, maskulin**
   Worauf bezieht sich das Relativpronomen? – auf **Caesar**
   Geschlecht muss im Lateinischen **maskulin** sein.
5. Imperatores Romani druidas, **quibus** maximae vires magicae fuerunt, valde timuerunt.
   Die römischen Feldherren fürchteten die Druiden, die sehr große Zauberkräfte hatten. (wörtl.: ..., denen sehr große Zauberkräfte waren.)
   Deutsches Relativpronomen: **denen = 3. Fall Plural, maskulin**
   (Achtung: **Dativus possessivus!**) Worauf bezieht sich das Relativpronomen? – auf **druidas**
   Geschlecht muss im Lateinischen **maskulin** sein.
6. Minotaurus labyrinthum, ex **quo** Ariadna Theseum servavit, relinquere non potuit.
   Minotaurus konnte das Labyrinth, aus dem Ariadne Theseus rettete, nicht verlassen.
   Deutsches Relativpronomen: **aus dem = 3. Fall Singular, maskulin**
   (Achtung: **Präposition „ex" verlangt im Lateinischen den 6. Fall!**)
   Worauf bezieht sich das Relativpronomen? – auf **labyrinthum**
   Geschlecht muss im Lateinischen **maskulin** sein.
7. Milites Romani Gallos armis, **quae** a fabris acceperunt, superare non potuerunt.
   Die römischen Soldaten konnten die Gallier mit den Waffen, die sie von den Handwerkern bekamen, nicht besiegen.
   Deutsches Relativpronomen: **die = 4. Fall Plural, feminin**
   Worauf bezieht sich das Relativpronomen? – auf **armis**
   Geschlecht muss im Lateinischen **neutrum** sein.
8. Gallia terra pulchra est, in **qua** vicus Gallorum fortissimorum est.
   Gallien ist ein schönes Land, in dem das Dorf der sehr tapferen Gallier ist.
   Deutsches Relativpronomen: **in dem = 3. Fall Singular, maskulin**
   (Achtung: **Präposition „in" verlangt im Lateinischen den 6. Fall!**)
   Worauf bezieht sich das Relativpronomen? – auf **terra**
   Geschlecht muss im Lateinischen **feminin** sein.

---

93 specto, spectare – **a-Konjugation**
moneo, monere – **e-Konjugation**
lego, legere – **konsonantische Konjugation**
facio, facere – **Mischkonjugation**
desilio, desilire – **i-Konjugation**
incendo, incendere – **konsonantische Konjugation**
fugio, fugere – **Mischkonjugation**
supero, superare – **a-Konjugation**

94

1. supero	14. -is, -ire	5. cepi	13. iussum
2. occido	2. -is, -ere-	8. prohibui	5. captum
3. relinquo	6. -is, -ire	1. superavi	12. dictum
4. intellego	3. -is, -ere	9. contendi	11. ductum
5. capio	4. -is, -ere	7. appellavi	8. prohibitum
6. desilio	5. -is, -ere	2. occidi	14. auditum
7. appello	9. -is, -ere	11. duxi	15. spectatum
8. prohibeo	1. -as, -are	12. dixi	3. relictum
9. contendo	8. -es, -ere	14. audivi	6. (kein PPP)
10. ago	13. -es, -ere	6. desilui	10. actum
11. duco	10. -is, -ere	4. intellexi	7. appellatum
12. dico	15. -as, -are	3. reliqui	1. superatum
13. iubeo	7. -as, -are	15. spectavi	2. occisum
14. audio	11. -is, -ere	10. egi	9. contentum
15. specto	12. -is, -ere	13. iussi	4. intellectum

95

1. supero, superas, superare, superavi, superatum
2. venio, venis, venire, veni, ventum
3. doceo, doces, docere, docui, doctum
4. dico, dicis, dicere, dixi, dictum
5. lego, legis, legere, legi, lectum

96

spectabis	du wirst sehen	cogit	er zwingt
spectabas	du sahst	coget	er wird zwingen
spectas	du siehst	cogebat	er zwang
ducebam	ich führte	cogebatur	er wurde gezwungen
ducebar	ich wurde geführt	veniebamus	wir kamen
duco	ich führe	veniemus	wir werden kommen

97

ich sehe – 1. Person Singular Präsens aktiv – video
ich werde schicken – 1. Person Singular Futur aktiv – mittam
du wirst geschickt werden – 2. Person Singular Futur passiv – mitteris
wir ermahnen – 1. Person Plural Präsens aktiv – monemus
du tötest – 2. Person Singular Präsens aktiv – occidis
du kämpftest – 2. Person Singular Imperfekt aktiv – pugnabas
wir werden besiegen – 1. Person Plural Futur aktiv – superabimus

98

debeo – debemus – wir müssen
damus – do – ich gebe
superas – superatis – ihr besiegt
mittit – mittunt – sie schicken
legunt – legit – er/sie/es liest
facis – facitis – ihr macht
vident – videt – er/sie/es sieht
cadis – caditis – ihr fallt
cadimus – cado – ich falle

99

Aktiv	Passiv
pulsabamus – wir schlugen	pulsabamur – wir wurden geschlagen
cogimus – wir zwingen	cogimur – wir werden gezwungen
relinquent – sie werden zurücklassen	relinquentur – sie werden zurückgelassen werden
recusabis – du wirst zurückweisen	recusaberis – du wirst zurückgewiesen werden
excitabis – du wirst anstacheln	excitaberis – du wirst angestachelt werden
iacies – du wirst werfen	iacieris – du wirst geworfen werden
occupat – er/sie/es besetzt	occupatur – er/sie/es wird besetzt
pones – du wirst legen	poneris – du wirst gelegt werden
superabatis – ihr besiegtet	superabamini – ihr wurdet besiegt

100

Präsens	Imperfekt	Futur
fugis	fugiebas	fugies
agitis	agebatis	agetis
cogimini	cogebamini	cogemini
audiunt	audiebant	audient
petor	petebar	petar
habetis	habebatis	habebitis

101

wir sehen – videmus
ihr hört – auditis
wir kämpfen – pugnamus
sie kämpfen – pugnant
wir eilen – contendimus
sie eilen – contendunt
wir sagen – dicimus
ihr sagt – dicitis
sie sagen – dicunt
ich führe – duco
sie führen – ducunt
ihr führt – ducitis
ihr seht – videtis
du siehst – vides

102

1. falsch – Es heißt venies.
2. richtig
3. falsch – Nach dem letzten!
4. falsch – Es gibt fünf!
5. richtig

103

docemus – docebimus – docebamus – docuimus – docueramus – docuerimus
facit – faciet – faciebat – fecit – fecerat – fecerit
superas – superabis – superabas – superavisti – superaveras – superaveris
legitis – legetis – legebatis – legistis – legeratis – legeritis
monemini – monebimini – monebamini – moniti estis – moniti eratis – moniti eritis
mittuntur – mittentur – mittebantur – missi sunt – missi erant – missi erunt
puto – putabo – putabam – putavi – putaveram – putavero
iubetis – iubebitis – iubebatis – iussistis – iusseratis – iusseritis

104

circumvenitis – circumvenistis – ihr habt umzingelt
desilio – desilui – ich bin hinuntergesprungen
capitis – cepistis – ihr habt gefasst
timent – timuerunt – sie haben gefürchtet
relinquit – reliquit – er/sie/es hat zurückgelassen
das – dedisti – du hast gegeben
dant – dederunt – sie haben gegeben

105 dedistis – nicht 2. Person Singular
relicti sunt – nicht 2. Person Plural
exspectatae sumus – nicht 1. Person Singular
dimittimur – nicht 2. Person Singular

106 narrabit: 3. P./Sg., aktiv, Futur – er/sie/es wird erzählen
narrabat: 3. P./Sg., aktiv, Imperfekt – er/sie/es erzählte
ceperas: 2. P./Sg., aktiv, Plusquamperfekt – du hattest gefasst
cepistis: 2. P./Pl., aktiv, Perfekt – ihr habt gefasst
capior: 1. P./Sg., passiv, Präsens – ich werde gefasst
tetigi: 1. P./Sg., aktiv, Perfekt – ich habe berührt
tangebant: 3. P./Pl., aktiv, Imperfekt – sie berührten
iudicaverunt: 3. P./Pl., aktiv, Perfekt – sie haben beurteilt
iudicaverant: 3. P./Pl., aktiv, Plusquamperfekt – sie hatten beurteilt
iudicati sunt: 3. P./Pl., passiv, Perfekt – sie sind beurteilt worden
facies: 2. P./Sg., aktiv, Futur – du wirst machen
factum est: 3. P./Sg., passiv, Perfekt – es ist gemacht worden
superabimur: 1. P./Pl., passiv, Futur – wir werden besiegt werden
superabamur: 1. P./Pl., passiv, Imperfekt – wir wurden besiegt
reprehensus sum: 1. P./Sg., passiv, Perfekt – ich bin getadelt worden

107

Perfekt	**Plusquamperfekt**	**Imperfekt**
debuisti	debueras	debebas
fecistis	feceratis	faciebatis
acti sunt	acti erant	agebantur
superati estis	superati eratis	superabamini
posuerunt	posuerant	ponebant
habui	habueram	habebam

108

vident sie sehen	videbis du wirst sehen	**vidistis** ihr habt gesehen	**videramus** wir hatten gesehen
petunt sie streben an	**petes** du wirst anstreben	**petivistis** ihr habt angestrebt	petiveramus wir hatten angestrebt
considunt sie setzen sich	consides du wirst dich setzen	consedistis ihr habt euch gesetzt	**consederamus** wir hatten uns gesetzt
accipiunt sie bekommen	accipies du wirst bekommen	**accepistis** ihr habt bekommen	acceperamus wir hatten bekommen
prohibent wir halten ab	prohibebis du wirst abhalten	**prohibuistis** ihr habt abgehalten	prohibueramus wir hatten abgehalten
capiunt sie fassen	capies du wirst fassen	cepistis ihr habt gefasst	**ceperamus** wir hatten gefasst
desiliunt sie springen herab	**desilies** du wirst herabspringen	desiluistis ihr seid herabgesprungen	**desilueramus** wir waren herabgesprungen

occidunt sie töten	occides du wirst töten	occidistis ihr habt getötet	occideramus wir hatten getötet
docent sie belehren	docebis du wirst belehren	**docuistis** ihr habt belehrt	docueramus wir hatten belehrt
relinquunt sie verlassen	relinques du wirst verlassen	reliquistis ihr habt verlassen	**reliqueramus** wir hatten verlassen
iubent sie befehlen	**iubebis** du wirst befehlen	iussistis ihr habt befohlen	iusseramus wir hatten befohlen
intellegunt sie bemerken	intelleges du wirst bemerken	**intellexistis** ihr habt bemerkt	intellexeramus wir hatten bemerkt

109

1. potuerunt – sie konnten
2. recipe! – nimm an!
3. dederat – er hatte gegeben
4. accipiet – sie wird annehmen
5. interfecerat – er hatte getötet
6. fugisti – du bist geflohen
7. tollet – sie wird aufheben
8. petet – er wird erbitten
9. agam – ich werde tun
10. petiveram – ich hatte gebeten
11. egeratis – ihr hattet getan
12. docetis – ihr lehrt
13. sustulerat – er hatte aufgehoben
14. docebunt – sie werden lehren

110

virgo – die junge Frau
inveniebas – du fandest
tolerabatis – ihr hieltet aus
tolerabitis – ihr werdet aushalten
toleraverunt – sie haben ausgehalten
erant – sie waren
erunt – sie werden sein
inveniam – ich werde finden
offeres – du wirst anbieten
scutum – der Schild
obtulimus – wir haben angeboten
neglegent – sie werden ignorieren
offerebamus – wir boten an
ducem – den Anführer
fuisti – du bist gewesen
neglegebant – sie ignorierten
neglexerant – sie hatten ignoriert
sum – ich bin
eris – du wirst sein
eras – du warst

111

1. **Discipulus** a magistro **reprehensus est**. – Der Schüler ist vom Lehrer getadelt worden.
2. **Rana** ad Iovem **venit**. – Der Frosch ist zu Jupiter gekommen.
3. **Civis Romanus** ad templum **veniet**. –
   Der römische Bürger wird zum Tempel kommen.
4. **Pecora** in prato **videtis**. – Ihr seht die Tiere auf der Wiese.
5. Navem magnam **habuisti**. – Du hast ein großes Schiff gehabt.

112

1. Pelops occisus a Tantalo dis appositus est.
   Der getötete Pelops ist von Tantalus den Göttern vorgesetzt worden.
2. Di a Tantalo probati sunt.
   Die Götter wurden von Tantalus auf die Probe gestellt.
3. Filius ab eo rege Lydorum occiditur.
   Der Sohn wird von diesem König der Lydier getötet.
4. Romani a Pyrrho superati sunt.
   Die Römer sind von Pyrrhus besiegt worden.

113 es – du bist
eras – du warst
eris – du wirst sein
fuisti – du bist gewesen
fueratis – ihr wart gewesen
fuimus – wir sind gewesen
erimus – wir werden sein
sumus – wir sind
sum – ich bin
fuerimus – wir werden gewesen sein
fui – ich bin gewesen
estis – ihr seid
eritis – ihr werdet sein
eratis – ihr wart
fuistis – ihr seid gewesen
sunt – sie sind

---

114 sum – sumus – wir sind
fui – fuimus – wir sind gewesen
eras – eratis – ihr wart
ero – erimus – wir werden sein
fueris – fueritis – ihr werdet gewesen sein
fueram – fueramus – wir waren gewesen
eris – eritis – ihr werdet sein
fuisti – fuistis – ihr seid gewesen
erit – erunt – sie werden sein
eram – eramus – wir waren

---

115 potes – du kannst
poteras – du konntest
poteris – du wirst können
potuisti – du hast gekonnt
potueratis – ihr hattet gekonnt
potuimus – wir haben gekonnt
poteramus – wir konnten
possumus – wir können
possum – ich kann
poterimus – wir werden können

---

116 possum – possumus – wir können
potui – potuimus – wir haben gekonnt
poteras – poteratis – ihr konntet
potero – poterimus – wir werden können
potueris – potueritis – ihr werdet gekonnt haben
potueram – potueramus – wir hatten gekonnt
potes – potestis – ihr könnt

---

117 is – du gehst
ibas – du gingst
ibimus – wir werden gehen
istis – ihr seid gegangen
ii – ich bin gegangen
ieramus – wir waren gegangen
isti – du bist gegangen
itis – ihr geht
ibunt – sie werden gehen
iimus – wir sind gegangen

---

118 eo – imus – wir gehen
ii – iimus – wir sind gegangen
ieras – ieratis – ihr wart gegangen
ieram – ieramus – wir waren gegangen
ibat – ibant – sie gingen
ibit – ibunt – sie werden gehen
ibas – ibatis – ihr gingt

---

119 fers – du trägst
ferunt – sie tragen
feres – du wirst tragen
ferebamus – wir trugen
tuleras – du hattest getragen
feram – ich werde tragen
ferebam – ich trug
fero – ich trage
ferent – sie werden tragen
tuleratis – ihr hattet getragen

120 fero – ferimus – wir tragen
tuli – tulimus – wir haben getragen
tuleras – tuleratis – ihr hattet getragen
feram – feremus – wir werden tragen
fers – fertis – ihr tragt
fert – ferunt – sie tragen
tulisti – tulistis – ihr habt getragen

---

121 eram: Imperfekt, 1. Person, Singular, ich war
fuistis: Perfekt, 2. Person, Plural, ihr seid gewesen
feram: Futur, 1. Person, Singular, ich werde tragen
eras: Imperfekt, 2. Person, Singular, du warst
potueramus: Plusquamperfekt, 1. Person, Plural, wir hatten gekonnt
imus: Präsens, 1. Person, Plural, wir gehen
tulimus: Perfekt, 1. Person, Plural, wir haben getragen
ferebatis: Imperfekt, 2. Person, Plural, ihr trugt
ierunt: Perfekt, 3. Person, Plural, sie sind gegangen
ferimus: Präsens, 1. Person, Plural, wir tragen
potuit: Perfekt, 3. Person, Singular, er/sie/es konnte
istis: Perfekt, 2. Person, Plural, ihr seid gegangen
ferunt: Präsens, 3. Person, Plural, sie tragen
ibo: Futur, 1. Person, Singular, ich werde gehen
sumus: Präsens, 1. Person, Plural, wir sind
eunt: Präsens, 3. Person, Plural, sie gehen
possunt: Präsens, 3. Person, Plural, sie können
poteramus: Imperfekt, 1. Person, Plural, wir konnten
potueramus: Plusquamperfekt, 1. Person, Plural, wir hatten gekonnt
feres: Futur, 2. Person, Singular, du wirst tragen
ii: Perfekt, 1. Person, Singular, ich bin gegangen
ferebant: Imperfekt, 3. Person, Plural, sie trugen

122
1. Alexander nodos manibus solvere non **potuit**.
   Alexander konnte die Knoten nicht mit den Händen lösen.
2. Galli, quibus druida potionem magicam dat, sine armis cum hostibus pugnare **possunt**.
   Die Gallier, denen der Druide einen Zaubertrank gibt, können ohne Waffen mit den Feinden kämpfen.
3. Ariadna dixit: "Ego te, virum fortem, iuvare **possum**."
   Ariadne sagte: „Ich kann dir, dem tapferen Mann, helfen!"
4. Columbae multas litteras in castra Romanorum **ferebant/tulerunt**.
   Die Tauben trugen viele Briefe in das Lager der Römer.
5. Sexta hora in scholam **ire** debemus.
   Zur sechsten Stunde müssen wir in die Schule gehen.
6. Liberi cum amicis domum **ibunt**.
   Die Kinder werden mit den Freunden nachhause gehen.
7. Romani semper victores **erant/fuerunt**.
   Die Römer waren immer Sieger/siegreich.
8. Nostri amici felices **erunt**.
   Unsere Freunde werden glücklich sein.

9. Multos post annos Ulixes ad insulam suam redire **potuit**.
   Odysseus konnte nach vielen Jahren zu seiner Insel zurückkehren.
10. Graecos timeo, qui dona mala **ferunt**.
    Ich fürchte die Griechen, die üble Geschenke bringen.
11. Si me celeriter adiuveris, semper amicus meus **eris**.
    Wenn du mir schnell hilfst (eigentlich Futur exakt!), wirst du immer mein Freund sein.
12. Decem annos in scholam **istis**.
    Ihr seid zehn Jahre lang in die Schule gegangen.
13. Elephanti milites per montes **ferent**.
    Die Elefanten werden die Soldaten über die Berge tragen.

123

1. Ich weiß, dass die Mutter von mir geliebt wird.
2. Der Lehrer erzählt uns, dass Caesar die Gallier besiegt hat.
3. Der Lehrer erzählt uns, dass die Gallier von Caesar besiegt worden sind.

124

1. Oedipus putavit Polybum patrem suum **esse**.
   Oedipus glaubte, dass Polybus sein Vater ist.
2. Oedipus scivit urbem a pestilentia **vexari**.
   Oedipus wusste, dass die Stadt von einer Seuche geplagt wird.
3. Magister narravit discipulis Gallos a Romanis **superatos esse**.
   Der Lehrer erzählte den Schülern, dass die Gallier von den Römern besiegt worden sind.
4. Scimus Romanos omnes hostes **superavisse**.
   Wir wissen, dass die Römer alle Feinde besiegt haben.

125

1. Die Schüler hören, dass der Lehrer kommt. (... hören den Lehrer kommen.)
2. Wir alle wissen genau, dass Achill nicht versteckt werden konnte.
3. Wir lasen in unserem Buch, dass Odysseus den Töchtern des Königs Geschenke gebracht hat.
4. Polyphem merkte, dass Odysseus nicht getäuscht werden kann.
5. Thetis glaubte, dass Achill gerettet werden kann.
6. Der Lehrer erzählte uns, dass Odysseus Achill finden musste.
7. Wir erfuhren, dass die römischen Soldaten oft nach Griechenland marschieren mussten.
8. Die Schüler lesen, dass Odysseus nach Troia gehen musste.
9. Wisst ihr, dass Odysseus den Polyphem schwer verletzt hat?
10. Wir wissen, dass Odysseus die Töchter des Königs Lycomedes, unter denen auch Achill war, im Hof zusammenkommen ließ.
11. Bei Sueton lesen wir, dass die Gallier gegen die Römer gekämpft haben.
12. Augustus wurde gemeldet, dass drei Legionen von den Germanen getötet worden sind.
13. Odysseus weiß, dass Achill bei Lycomedes versteckt wird.
14. Der Lehrer erzählte uns, dass Achill bei König Lycomedes versteckt worden ist.
15. Die Göttin Thetis befahl ihrem Sohn zu König Lycomedes zu gehen.
16. Wir wissen, dass Iulia mit uns Pompeii besuchen will.
17. Wir hören, dass unser (Fremden-)Führer über die verschiedenen Gegenden der Stadt spricht.
18. Wir wissen, dass in den Straßen Gasthäuser gewesen sind.
19. Der Lehrer erklärt/zeigt uns, dass viele große Bauwerke in der Stadt gewesen sind.

20. Felix sagt, dass er viel gesehen hat. Er glaubte, dass die Denkmäler der Stadt Rom schön sind.
21. Ich erzählte dem Großvater, dass wir lange durch die Ruinen der Stadt spaziert sind und viele Bauwerke gesehen haben.
22. Wir sehen, dass Paul seine Freundin in der Gastwirtschaft gefunden hat.
23. Wir wissen, dass die Könige der Griechen nach zehn Jahren sehr grausamen Krieges gegen die Troianer nachhause gegangen sind.
24. Wir wissen, dass der Großvater schon ein alter Mann ist und ein großes Landgut besitzt.
25. Wir sehen, dass die Bauwerke, die zum Landgut gehören, schön sind.
26. Ich erzähle der Mutter, dass ich mit meinem Großvater in die Stadt gekommen bin, wo ich viele große Bauwerke sah.

126

1. servus monitus – der ermahnte Sklave
   Servus a domino monitus est. – Der Sklave ist vom Herren ermahnt worden.
   Servum a domino monitum ad villam duco. – Ich führe den vom Herren ermahnten Sklaven zum Landhaus. (... den Sklaven, der vom Herren ermahnt worden ist, ...)
2. urbs laudata – die gelobte Stadt
   Urbs ab imperatore laudata est. – Die Stadt ist vom Feldherren gelobt worden.
   Urbem ab imperatore laudatam visitamus. – Wir besuchen die vom Feldherren gelobte Stadt. (... die Stadt, die vom Feldherren gelobt worden ist.)
3. Plinius occisus – der getötete Plinius
   Plinius Vesuvio occisus est. – Plinius ist durch den Vesuv getötet worden.
   De Plinio Vesuvio occiso legis. – Du liest über den durch den Vesuv getöteten Plinius. (... über Plinius, der durch den Vesuv getötet worden ist.)
4. mons velatus – der verhüllte Berg
   Mons nube velatus est. – Der Berg ist von einer Wolke verhüllt worden.
   Montem nube velatum videre non potestis. – Ihr könnt den von einer Wolke verhüllten Berg nicht sehen. (... den Berg, der von einer Wolke verhüllt worden ist, ...)
5. Ariadna relicta – die zurückgelassene Ariadne
   Ariadna a Theseo in insula relicta est. – Ariadne ist von Theseus auf einer Insel zurückgelassen worden.
   Ariadnam a Theseo in insula relictam Bacchus amavit. – Bacchus liebte die von Theseus auf einer Insel zurückgelassene Ariadne. (... Ariadne, die von Theseus auf einer Insel zurückgelassen worden war.)
6. legiones superatae – die besiegten Legionen
   Legiones a Pyrrho superatae sunt. – Die Legionen sind von Pyrrhus besiegt worden.
   Legiones a Pyrrho superatas in tabula videbatis. – Ihr saht die von Pyrrhus besiegten Legionen auf dem Bild. (... die Legionen, die von Pyrrhus besiegt worden waren, ...)
7. monumenta spectata – die betrachteten Denkmäler
   Monumenta a liberis spectata sunt. – Die Denkmäler sind von den Kindern betrachtet worden.
   Monumenta spectata nobis maxime placent. – Die betrachteten Denkmäler gefallen uns am besten.
8. virgo rapta – das geraubte Mädchen
   Virgo a Plutone rapta est. – Das Mädchen ist von Pluto geraubt worden.
   Virgo rapta Plutonem non amavit. – Das geraubte Mädchen liebte Pluto nicht.
9. facinus factum – die gemachte (begangene) Untat

Facinus a Tantalo factum est. – Eine Untat ist von Tantalus gemacht (begangen) worden.
Di immortales facinus factum intellexerunt. – Die unsterblichen Götter bemerkten die gemachte (begangene) Untat.

10. miles missus – der gesandte Soldat
Miles ab imperatore missus est. – Der Soldat wurde vom Feldherren geschickt.
Imperator militem missum salutavit. – Der Feldherr grüßte den gesandten Soldaten.

127

1. Ariadne grüßte den nach Kreta kommenden Theseus.
Ariadne grüßte Theseus, der nach Kreta kam.
2. Wer mag nicht den die Schüler lobenden Lehrer?
Wer mag nicht den Lehrer, der die Schüler lobt?
3. Die in die Schule kommenden Schüler grüßten den neuen Schüler.
Die Schüler, die in die Schule kamen, grüßten den neuen Schüler.
4. Wir sahen, dass der Arion nach Griechenland tragende Delfin groß gewesen ist.
Wir sahen, dass der Delfin, der Arion nach Griechenland trug, groß gewesen ist.
5. Den in die Schule eilenden Kindern gab ich ein Buch.
Den Kindern, die in die Schule eilten, gab ich ein Buch.
6. Die Gattin tötete den nachhause kommenden Agamemnon.
Die Gattin tötete Agamemnon, der nachhause kam.
7. Die Römer hielten die das Lager angreifenden Germanen ab.
Die Römer hielten die Germanen, die das Lager angriffen, ab.
8. Dem die Denkmäler betrachtenden Schüler gefiel die Stadt.
Dem Schüler, der die Denkmäler betrachtete, gefiel die Stadt.
9. Ich werde die Worte des diese Gedichte schreibenden Dichters immer lieben.
Ich werde die Worte des Dichters, der diese Gedichte schreibt, immer lieben.

Übungstexte

Text 1

Die Schüler eilen mit dem Lehrer auf das Forum (in for**um**). Der Lehrer lässt Julia die Namen der römischen Provinzen sagen. Julia muss die römischen Provinzen auf der Karte/Tafel zeigen (in tabul**a**). Wie groß ist das Römische Reich! Der Lehrer spricht über das Römische Reich (de imperi**o** Roman**o**). Dann führt der Lehrer die Schüler auf das Forum. Die Kinder sehen viele Tempel und Denkmäler. Markus sagt: „Wo ist Julia, meine Schwester (soror me**a**)? Ich sehe Julia nicht! Meine Schwester ist fünf Jahre alt (annos nat**a** est)!" Der Lehrer antwortet: „Julia ist beim Fluss (apud flum**en**)! "
Die Schüler eilen mit dem Lehrer (cum magistr**o**) zum Fluss Tiber (ad Tiber**im** flum**en**). Dort sehen sie große Schiffe (naves magn**as**) und finden Julia.

Text 2

Der Lehrer erzählt uns über die alten Römer (de Roman**is** antiqu**is**): „Viele römische Männer sind den ganzen Tag auf dem Forum Romanum. Mit den Gesandten (cum legat**is**) der Gallier müssen sie über viele Angelegenheiten (de mult**is** re**bus**) verhandeln. Oft müssen die römischen Soldaten mit den Galliern kämpfen!" Wir gehen zur vierten Stunde auf das Forum Romanum und schauen die Denkmäler der Römer an. Wie schön sind die Tempel auf dem Forum Romanum! Vom Tempel des Saturn (a templ**o**) eilen wir zu Basilika Julia (ad basilic**am** Iuliam). Die Freunde erwarten uns vor der

Basilika (ante basilic**am**). Die Größe des Römischen Reiches lernen wir kennen, weil der Lehrer uns viel über die Lebensweise der Römer (de cult**u** Romanorum) und über den römischen Staat lehrt. Wer mag die Lebensweise der Römer nicht?

Text 3

Meinen Freunden ist es erlaubt auf das Forum Romanum zu eilen. Ich aber sitze in meinem Zimmer und muss (debe**o**) lernen. Nach der Aufgabe gehe ich auch aufs Forum. Die Freunde freuen sich, weil ich komme, und grüßen mich: „Sei gegrüßt (Salv**e**), Freund!" Ich antworte: „Seid alle gegrüßt! Wie geht es euch? Was macht ihr?" Die Freunde: „Danke! Uns geht es gut (bene vale**mus**)! Wir schauen alle Tempel auf dem Forum Romanum an und hören über die Größe (de magnitudin**e**) des Römischen Reiches." In der neunten Stunde gehen wir zum Tempel (ad templ**um**) des Saturn. In der schönen Säulenhalle erwarten wir Julia, die Schwester des Julius. Julia aber kommt nicht. Wir warten eine ganze Stunde lang auf Julia. Dann sagen wir: „Die Eltern (Parent**es**) erwarten uns zu Hause. Also gehen wir nach Hause!"

Text 4

Mein Name ist Minotaurus. Ich bin der Sohn des Minos, des Königs von Kreta, und der Pasiphaë. Pasiphaë liebte einen Stier und brachte mich zur Welt. Die Menschen nennen mich (ein) Monster. Mein Vater befahl Daedalus, ein Labyrinth zu bauen. Ich muss immer im Labyrinth sein, woraus niemand zurückkehrt. Ich habe viele Kinder verschlungen, weil mein Vater mit den Athenern Krieg führte und diese besiegte. Mein Vater befahl den Athenern jährlich sieben Knaben und sieben Mädchen zu schicken. Diese habe ich verschlungen. Ich habe viel über Theseus gehört: Theseus ist der Sohn des Königs der Athener. Ich fürchte ihn, weil ich gehört habe: „Theseus hat im Sinn, Minotaurus zu besiegen!"

Text 5

Über die Tapferkeit des Alexander hat der Lehrer uns viel erzählt. Alexander der Große, den (**quem**) alle Feinde fürchteten, war in die Stadt gekommen, die (**quam**) die Menschen Gordium nennen: In dieser Stadt war ein Wagen, dessen Deichsel mit vielen Knoten verknüpft war. Das Orakel hatte über die Knoten gesagt (**dixerat**): „König ist (der), der (**qui**) die Knoten öffnen kann!" Alexander konnte die Knoten nicht mit den Händen lösen (**potuit**). Daher begriff er: „Ich muss die Knoten mit meinem Schwert zerschlagen. Dann kann ich (**possum**) die Herrschaft einnehmen!" Alexander machte (**fecit**), was er im Sinn hatte. Alle Menschen sagten: „Alexander, dessen (**cuius**) tapferes Heer viele Länder erobert hatte, konnte unsere Stadt einnehmen, weil er ein kluger Mann ist (**est**).

Text 6

Die Römer konnten das Unrecht, das sie von den Tarentinern erlitten hatten, nicht ertragen. Daher ist Krieg geführt worden. König Pyrrhus, dem die Kundschafter über die großartigen Städte der Römer erzählt hatten, unterstützte die Tarentiner. Dieser hatte im Sinn, viele Reichtümer aus den römischen Städten zu rauben. Pyrrhus führte sein Heer nach Italien: Die Römer konnten ihn nicht besiegen, weil er viele Elefanten hatte. Diese fürchteten die Römer sehr. Sobald die Römer die Kundschafter des Königs gefangen nahmen, führten sie sie durchs Lager und befahlen:
„Seht und meldet alles eurem Feldherren!" Dann kämpfte Pyrrhus gegen die Römer und besiegte sie. Dennoch ist ein großer Teil seiner Soldaten getötet worden!

Text 7

Der Tyrann, den wir Dionysius nennen, hatte dem Staat die Freiheit genommen. Daher sagten die Bürger: „Der Tyrann wird uns alle töten, wenn wir nicht irgendetwas gegen ihn tun! Wir müssen einen tapferen Mann suchen, der den Staat befreien kann!" Mörus war ein tapferer Mann und hatte im Sinn, den Tyrannen zu töten. Er sagte: „Ich werde ein Held des Staates sein! Ich werde diesen Staat befreien!" Sein Freund, dessen Namen wir nicht kennen, half ihm. Denn Mörus ist von den Soldaten des Tyrannen gefangen genommen worden. Der gefangene Mörus bat den Tyrannen: „Ich muss meine Schwester verheiraten. Am dritten Tag werde ich zurückkehren! Als Geisel werde ich dir meinen Freund geben!" Mörus, dem der Tyrann zu gehen erlaubt hatte, kehrte am dritten Tag zurück. Mörus und dessen Freund waren froh, weil der Tyrann von wahrer Freundschaft besiegt worden ist.

Text 8: Odysseus besiegt Polyphem

Sobald Odysseus und seine Freunde zum sehr dummen Polyphem gekommen waren, schloss dieser die Griechen in seiner Höhle ein. Er hatte im Sinn, diese aufzufressen. Odysseus aber, der der klügste von allen Griechen war, sagte: „Der Kyklop ist stärker als wir! Dennoch ist er dümmer! Wenn wir ihm Wein geben, wird er schlafen! Dann wird es sehr leicht sein ihn zu besiegen: Mit einem Baumstrunk werden wir sein Auge ausbrennen! Wir werden fliehen können, weil wir schneller sind als er!" Die Griechen hießen den sehr klugen Plan gut. Odysseus gab Polyphem Wein. Dann verwundeten die Griechen Polyphem, der betrunken war, und konnten vor ihm fliehen.

Text 9

Im Lateinbuch lesen wir, dass Achill einst zu König Lycomedes geschickt worden ist. Thetis, seine Mutter, hatte vom Orakel gehört: „Dein Sohn wird sicher getötet werden, wenn er bei Troia kämpft! Schicke ihn zu König Lycomedes!" Wir wissen, dass Lycomedes ihn unter den Mädchen versteckt hat. Viele erzählen, dass Odysseus der klügste von allen Männern gewesen ist. Dieser hatte im Sinn, Achill zu finden und mit sich nach Troia zu führen. Daher legte er Waffen in den Hof und befahl einem Soldaten zum Angriff zu blasen. Wir haben erfahren, dass Achill dann schnell die Waffen ergriff. So wurde jener sehr tapfere Mann von Odysseus sehr leicht ergriffen.

Text 10

Wir wissen alle bestimmt, dass Artemisia Mausolus, den König von Karien, sehr geliebt hat. Wir lesen, dass diese Frau die Asche ihres Mannes getrunken hat. Dies alles machte sie, weil sie die Sehnsucht nach Mausolus nicht ertragen konnte. Der Lehrer erzählte den Schülern alles. Die Schüler sagten: „Wir, die wir die Geschichte über jene Frau lesen, glauben, dass sie nicht klug gewesen ist: Wer trinkt die Asche einer Leiche?" Der Lehrer sagte, dass die Menschen in alten Zeiten viel gemacht haben, was wir heute nicht verstehen können. Danach erzählte der Lehrer, dass die römischen Soldaten, als sie gegen Pyrrhus kämpften, die Elefanten gefürchtet haben. Die Schüler sagten: „Waren die Römer dumm?" Der Lehrer antwortete, dass die Römer nicht dumm waren. Er sagte, dass die Römer die Elefanten gefürchtet haben, weil sie so ein Tier noch nie gesehen haben.

Text 9

Grammatikkapitel:
wie vorangegangene Texte + AcI; Possessivpronomen

In libro Latino legimus Achillem quondam ad regem Lycomedem missum esse. Thetis, mater eius, ab oraculo audiverat: „Filius tuus certe occidetur, si apud Troiam pugnabit. Mitte eum ad regem Lycomedem!“ Scimus Lycomedem eum inter virgines occultavisse.
Multi narrant Ulixem omnium virorum prudentissimum fuisse. Is Achillem invenire secumque Troiam ducere in animo habuit.
Itaque arma in aula posuit militemque signa canere iussit. Accepimus Achillem tum celeriter arma cepisse. Ita ille vir fortissimus ab Ulixe facillime comprehensus est.

(**quondam** – einst; **aula**, -ae f – Halle; **signa canere** – zum Angriff blasen;
comprehendo 3, comprehendi, -prehensum – ergreifen, fassen)

Text 10

Grammatikkapitel:
wie vorangegangene Texte + AcI; NcI; PPA

Certe nos omnes scimus Artemisiam Mausolum, regem Cariae, maxime amavisse.
Hanc feminam cinerem mariti bibisse legimus.
Haec omnia fecit, quod desiderium Mausoli tolerare non potuit.
Magister discipulis omnia narravit.
Discipuli dixerunt: „Nos hanc fabulam de illa femina legentes putamus eam sapientem non fuisse: Quis bibit cinerem corporis?" Magister dixit homines in antiquis temporibus multa fecisse, quae hodie animo capere non possumus.
Magister postea narravit milites Romanos contra Pyrrhum pugnantes elephantos timuisse.
Discipuli dixerunt: „Erantne Romani stupidi?"
Magister respondit Romanos stupidos non fuisse. Dixit Romanos elephantos timuisse, quod tale animal nondum viderunt!

(**maritus**, -i m – Ehegatte; **bibo**, -is, -ere, bibi – trinken; **desiderium**, -i n – Sehnsucht;
animo capere – begreifen, verstehen; **stupidus** 3 – dumm; **talis**, -e – solch; **nondum** – noch nicht)